KB041999

책세상문고·고전의 세계

사회 개혁이냐 혁명이냐

ROSA LUXEMBURG, SOZIALREFORM ODER REVOLUTION?

사회 개혁이냐 혁명이냐

ROSA LUXEMBURG, SOZIALREFORM ODER REVOLUTION?

로자 룩셈부르크 지음

·

김경미 · 송병헌 옮김

책세상

일러두기

1. 이 책은 로자 룩셈부르크Rosa Luxemburg의 "Sozialreform oder Revolution?" (Leipzig, 1899)을 온전히 번역한 것이다. 그리고 이 책을 번역하면서 《로자 룩셈부르크 전집Rosa Luxemburg, Gesammelte Werke》, Band I/I(Berlin: Dietz Verlag, 1979)을 참고했다.

2. "Sozialreform oder Revolution?"(Lepizig, 1899)은 1908년에 재판되었다. 이 책에서 는 재판에서 로자 룩셈부르크가 수정한 부분과 독일 편집자의 주를 참고해서 반영했다.

3. 모든 주는 원서와 달리 후주로 처리했다.

4. 주는 로자 룩셈부르크의 원주와 《로자 룩셈부르크 전집》에 실린 독일 편집자의 주, 그리 고 옮긴이주 세 가지이다. 주 앞에 * 표시가 있는 주는 로자 룩셈부르크의 원주이다. 옮 긴이주에 한해서는 주 앞에 '(옮긴이주)'라고 표시했으며, 길지 않은 옮긴이주는 본문에 직접 달았다. 그 외의 주는 《로자 룩셈부르크 전집》에 실린 독일 편집자의 주이다. '들어 가는 말'과 '해제'의 주는 모두 옮긴이주이나 이를 주에 따로 표시하지는 않았다.

5. 본문에 표시된 〔 〕부분은 로자 룩셈부르크가 재판에서 삭제한 부분이다.

6. 때로 너무 간략히 표현된 원문을 좀 더 분명하게 이해하는 데 도움을 주고자, 그러면서 도 원문을 훼손하지 않도록 하기 위해 옮긴이가 보충하거나 따로 설명한 부분은 { } 안 에 넣었다.

7. 주요 인명과 책명은 처음 한 회에 한하여 원어를 병기했다.

사회 개혁이냐 혁명이냐 | 차례

1890년대 말에서 1900년대 초 당시 독일 사회민주주의의 저명한 이론가였던 베른슈타인Eduard Bernstein에 의해 이른바 '수정주의 논쟁'이 시작되었다. 이 논쟁에는 당시 독일 사회민주당과 국제 사회주의 운동 이론가들이 대거 참여했다. 그중에서도 로자 룩셈부르크Rosa Luxemburg는 베른슈타인의 수정주의에 단호하게 반대하는 입장이었는데, 그녀의 〈사회 개혁이냐 혁명이냐Sozialreform oder Revolution〉는 수정주의를 논박한 대표적인 글이다.

당시 선진 자본주의가 상대적으로 안정되고 지속적으로 성장해나가면서, 유럽의 여러 나라들과 독일에서는 이미 1890년대 이후 개량주의적 사회주의 조류가 점차 커가고 있었다. 그러나 이 개량주의적 조류들은 대체로 이론의 문제에는 그다지 관심을 보이지 않았고, 의회를 중심으로 하는 선거 전략과 더 많은 표를 얻기 위한 농촌 선동 등 실천적 문제에 치중하고 있었다. 이러한 상황에서 당시 수정주의 사회주의의 노선을 정립하고자 했던 베른슈타인의 시도들은 국제적으로 그리고 독일에서 성장하고 있던 개량주의적 사회주의 흐름의 이론적 기초를 마련하는 최초의 포괄적인 시도였다고 평가할 수 있다. 베른슈타인의 시도로, 개량주의의 실천적 흐름들은 훨씬 명료한 이론적 입장과 근거를 가지게 되었던 것이다. 베른슈타인이 수정주의적 이론화를 최초로 제시한 것은 1896~1898년 사이 당시 독일 사민당의 주요한 이론지였던 《새로운 시대*Die Neue Zeit*》를 통해서였다. 이후 그는 1899년에 자신의 생각을 정리하여 유명한 《사회주의의 전제와 사회민주주의의 과제》를 발표하게 된다.

베른슈타인 스스로는 '마르크스주의자'임을 계속 주장했음에도 불구하고, 그의 시도는 사실 마르크스 학설을 근본적으로 부정하고 '수정하는' 것이었다. 당시 최고의 이론가의 한 사람이었던 베른슈타인의 이러한 '수정'이 미친 충격은 상당한 것이었고, 당시 독일 사민당의 지도적 이론으로 인정받고 있던 마르크스주의에 정면으로 도전하는 것으로 간주되었다. 이어 베른슈타인의 관점은 광범위한 비판과 비판에 대한 비판의 연쇄 작용을 불러일으켰다. 먼저 영국 사회주의 운동의 초기 마르크스주의자 중 한 사람인 박스Belfort Bax, 러시아 출신으로 스위스와 독일에서 활동했던 사회주의자인 파르부스Parvus, 로자 룩셈부르크 등 당의 정통 노선을 견지하고 있던 좌파들이 베른슈타인의 관점을 비판하기 시작했고, 후에 당시 독일 사민당 최고의 이론적 지도자였던 카우 츠키Karl Kautsky도 이 비판의 대열에 합류했다. 반대로 독일 의 이른바 '강단사회주의자'였던 슈미트Konrad Schmidt 등 일 부 개량주의자들은 베른슈타인을 옹호하는 글을 발표했다. 당시의 '수정주의 논쟁'에서는 베른슈타인을 비판하는 정통 적 관점이 좀 더 큰 흐름을 이루었고, 수정주의는 곧 공식적 으로는 독일 사민당에서 억압받게 된다.

이러한 상황에서 〈사회 개혁이냐 혁명이냐〉는 베른슈타인 의 수정주의 관점을 반박했던 것이다. 이 글은 1898년에서 1899년 〈라이프치히 인민신문〉에 연재되었던 것을 한 권의 책으로 묶은 것이다. 이제까지 사회주의 문헌 역사에서, 〈사 회 개혁이냐 혁명이냐〉는 논쟁 범위의 포괄성, 논의의 논리 성, 논의의 저변을 흐르는 좌파적 신념의 치열성 등으로 수 정주의를 비판하는 가장 탁월하고 날카로운 기념비적인 글 이라고 평가된다.

이 글에서 로자 룩셈부르크는 베른슈타인의 수정주의의 기초가 되는 경제적 관점, 정치적 구상, 사회주의 전망 등을 조목조목 비판하고 그 논의의 기초를 허물고자 한다. 먼저 그녀는 자본주의가 붕괴하지 않을 것이라고 보는 베른슈타 인의 자본주의 발전 전망을 비판한다. 로자 룩셈부르크는 이 러한 자본주의가 근본적으로 모순과 위기에 가득 차 있는 체 제라고 본다. 그리고 진실한 사회주의적 노선은 자본주의 체제에 대해 근본적으로 비판하고 부정하는 가운데 세워질 수밖에 없다고 강조한다.

다음으로 로자 룩셈부르크는 의회와 노동조합 등에 큰 기대를 거는 베른슈타인의 정치 개혁 전략을 비판한다. 로자 룩셈부르크도 의회주의, 민주주의의 역사적인 중요성과 의의를 인정하지만, 의회주의적 민주주의를 통하여 사회주의로 이행할 것이라는 베른슈타인의 핵심 주장에 대해서는 명백히 반대한다. 로자 룩셈부르크의 (부르주아) 민주주의에 대한 관점은 다음의 문장에 압축되어 있다. "사회주의 운동의 운명이 부르주아 민주주의에 연결되어 있는 것이 아니라, 반대로 민주주의 발전의 운명이 사회주의 운동에 연결되어 있다"는 것이다. 노동조합에 대해서도 마찬가지다. 노동자 대중의 생활고를 덜어주는 노동조합의 역할은 분명히 인정해야 하지만, 자본주의 체제를 변혁시킨다는 좀 더 궁극적인 관점에서 보면, 노동조합의 활동은 '시시포스의 노동' 같은 것이다. 결국 그녀가 보기에 인류의 유일한 희망은 정치권력을 장악함으로써 사회주의 사회를 여는 것뿐이다.

베른슈타인의 수정주의의 기본 명제를 전면적으로 비판하고 있는 로자 룩셈부르크의 시도는 대체로 성공적인 듯하다. 그녀의 비판은 신랄하지만 논리 정연하며, 수정주의 관점의 일부가 아니라 그 저변에 놓인 논리의 타당성과 그 실천적 결과를 철저히 문제 삼고 있다. 혹시 이 글을 읽는 일부 독자는 그녀의 관점이 너무 급진적이며 일방적이라고 생각할지 모르겠다. 궁극적인 판단은 독자의 몫이다. 그러나 이 글에서 나타난 그녀의 관점을 지지할 것인가 배격할 것인가를 떠나, 이 글이 민주주의, 사회 개혁과 혁명의 문제에 관한 치열한 고민이 담겨 있는 한 견결한 혁명가의 자기 고백 같은 글이라는 말을 하고 싶다. 적어도 이 글에는 자본주의 체제가 지닌 문제에 대한 근본적인 비판과 진실한 사회주의를 향한 깊은 열망이 숨 쉬고 있다. 오늘날 자본주의 현실에 비추어 이러한 그녀의 열망을 일부라도 돌이켜보고 다시 평가해보는 것은 분명 의미 있는 일이 될 것이다.

옮긴이 송병헌

서문[1]

이 글의 제목을 처음 본 순간 놀랄지도 모른다. 사회 개혁이냐 아니면 혁명이냐? 그렇다면 사회민주주의는 사회 개혁에 반대할 수 있단 말인가? 또는 사회민주주의는 사회혁명, 즉 자신이 최종 목적으로 설정한 현존하는 질서의 전복을 사회 개혁에 대립시킬 수 있단 말인가? 물론 그렇지 않다. 사회 개혁을 위한, 또 기존의 기반 위에서 노동하는 대중의 상황을 개선하기 위한, 그리고 민주적 제도를 위한 일상적인 실천 투쟁은 사회민주주의가 프롤레타리아 계급투쟁을 지도하며, 정치권력을 장악하고 임금체계를 폐지한다는 최종 목표에 이를 수 있는 유일한 길이다. 사회민주주의를 위하여 사회 개혁과 사회혁명 사이에는 분리될 수 없는 연관이 존재한다. 왜냐하면 사회민주주의에서 사회 개혁을 위한 투쟁은 수단이며, 사회혁명은 목적이기 때문이다.

이러한 노동운동의 두 계기 간의 대립은 베른슈타인의 이론에서 처음 나타난다. 그는 1896/1897년에 《새로운 시대》에 발표한 논문 〈사회주의의 여러 문제Probleme des Sozialismus〉[2]에서, 그리고 특히 《사회주의의 전제와 사회민주주의의 과제Die Voraussetzungen des Sozialismus und die Aufgaben der Sozialdemokratie》라는 책에서 이러한 대립을 제시하고 있다. 그의 전체 이론은 실천적으로는 사회민주주의의 최종 목표인 사회변혁을 포기하고, 반대로 사회 개혁을 계급투쟁의 수단이 아니라 목적으로 만들라는 충고로 귀결될 뿐이다. "최종 목표가 무엇이든 간에 나에게는 항상 무(無)이며, 운동이 전부이다"[3]라는 베른슈타인의 말은 가장 적절하고 날카롭게 그의 견해를 표현하고 있다.

그러나 사회주의의 최종 목표는 유일한 결정적 요소이다. 즉 그것은 사회민주주의 운동을 부르주아 민주주의 및 부르주아 급진주의와 구별하고, 또 전체 노동운동이 자본주의 질서를 교정하는 한가로운 수선 작업에 머무는 것이 아니라 자본주의 질서에 반대하여 이것을 지양하는 계급투쟁으로 나아가도록 만드는 유일한 결정적 요소이다. 따라서 베른슈타인이 제기하는 사회 개혁이냐 혁명이냐의 문제는 사회민주주의로서는 곧 사느냐 죽느냐의 문제이다. 베른슈타인 및 그의 추종자들과 벌이는 논쟁에서 〔이에 대해 당에 있는 모든 사람이 자신의 입장을 결정해야만 한다〕 문제가 되는 것은[4]

이러저러한 투쟁 방식이나 전술 사용의 문제가 아니라, 사회민주주의 운동의 전체 실존에 관한 것이다.

〔베른슈타인의 이론을 피상적으로 고찰할 경우, 이러한 이야기는 과장된 것처럼 보일 수 있다. 베른슈타인은 가는 곳마다 사회민주주의와 그 목표에 대해 이야기하고 있지 않은가? 그 스스로 여러 차례에 걸쳐 거듭 분명하게 자신은 사회주의의 최종 목표를 단지 다른 형태로 추구하고 있을 뿐이라고 되풀이하지 않는가? 또 현재 사회민주당의 실천을 거의 완전히 인정하고 있다고 확고하게 강조하지 않는가? 물론이 모든 것은 사실이다. 그러나 옛날부터 이론과 정책의 발전에서 새로운 노선은 비록 내적인 핵심에 있어서 옛것과 완전히 반대될지라도, 옛것에 의지하여 만들어지고, 우선 기존의 형식에 적응하며, 기존의 언어로 말하는 법이다. 시간이 흐르면서 비로소 새로운 핵심은 과거의 껍데기를 뚫고 나오며, 새로운 노선은 자신의 형식과 언어를 발견한다.

과학적 사회주의에 반대하는 입장이 처음부터 마지막 결론에 이르기까지 자신의 본질을 분명하고 확실하게 이야기하고, 또 사회민주주의의 이론적 기초를 명백하고 철저하게 부인하리라 기대하는 것은 과학적 사회주의의 힘을 과소평가하는 것이다. 오늘날 사회주의자로 자처하면서도 금세기 인간 정신의 가장 거대한 산물인 마르크스 이론에 전쟁을 선포하려는 사람은 분명히 마르크스 이론에 무의식적으로 경의를 표하면서 이야기를 시작할 것이다. 그는 자신이 바로 마르크스 이론의 추종자임을 선언하고, 마르크스 이론 안에서 이 이론을 극복하기 위한 발판을 추구하며, 이러한 투쟁이 마르크스 이론의 발전을 의미한다고 주장한다. 그러므로 이러한 겉모습에 현혹되지 말고 베른슈타인의 이론에 숨겨진 핵심을 밝혀내야 한다. 이것은 바로 우리 당의 광범위한 산업 프롤레타리아 계층을 위해 긴급하게 필요한 작업이다.

이론적 논쟁이 결국 '학자들'의 일이라는 주장은 노동자계급에 대한 가장 저열한 모욕이며 악의에 찬 비방이다. 이미 라살Ferdinand Lassalle[5]이 말했듯이, 학문과 노동자라는 사회의 대립적 극단이 하나로 통합될 때 비로소 두 가지는 모든 문화적 장애를 자신의 무쇠 팔로 질식시켜버릴 것이다. 현대 노동운동의 전체 힘은 이론적 인식에 근거한다.]6

〔그러나〕이러한 인식은 노동자에게〔이 경우〕이중적인 중요성을 가진다. 왜냐하면 여기에서 문제가 되는 것은 바로 운동에서 노동자와 이들의 영향력이기 때문이다. 즉 시장으로 운반되는 것은 바로 노동자 자신의 가죽이기 때문이다. 베른슈타인이 공식화한 당내의 기회주의 조류는 당에 침입한 소부르주아 요소에게 지배권을 주고 소부르주아 정신으로 당의 정책과 목표를 변형시키려는 무의식적인 노력일 뿐이다. 사회 개혁과 혁명의 문제, 최종 목표와 운동의 문제는 다른 측면에서 볼 때 노동운동의 소부르주아적 성격이냐 프

롤레타리아적 성격이냐에 관한 문제인 것이다.

〔따라서 현재 기회주의와 벌이는 이론적 논쟁을 가장 생생하고 철저하게 파악하는 것이 당내 프롤레타리아 대중의 관심사다. 이론적 인식이 단지 당에 있는 소수 '학자들'의 특권으로 머물러 있는 한, 당내 프롤레타리아 대중은 항상 길을 잘못 들 위험을 안고 있다. 다수의 노동자 대중 스스로 과학적 사회주의의 날카롭고 확실한 무기를 손에 넣을 때 비로소 모든 소부르주아 경향과 기회주의적 흐름은 사라지고 잊혀질 것이다. 그때 운동은 더 확실하고 굳건한 지반 위에 서게 된다. "다수의 대중이 그것을 실행할 것이다."

1899년 4월 18일 베를린에서 로자 룩셈부르크〕

우리는 당내 집단의 다양한 조언에 따라, 두 번에 걸쳐 〈라이프치히 인민신문〉에 발표된 연재 논문(제1부는 1898년 9월 21~28일, 219~225호, 제2부는 1899년 4월 4~8일, 76~80호)을 한 권의 특별 인쇄본으로 발간한다. 여기서 로자 룩셈부르크 동지는 사회민주당의 전술과 원칙에 대한 베른슈타인의 견해를 상세히 비판하고 있다. 이 비판의 초판은 이미 절판되었는데, 이 특별 인쇄본을 통해서 좀 더 많은 독자들이 그의 목소리를 접하게 되리라 생각한다. 마찬가지로 로자 룩셈부르크가 〈라이프치히 인민신문〉에 발표한 것으로 실천적 영역에서 기회주의적 흐름을 인식하는 데 꼭 필요한 논문인 민병대와 군국주의에 관한 기고(1899년 2월 20~22, 25일, 42~44, 47호)를 부록으로 싣는다. 우리는 이 두 가지 논문에 전적으로 동의한다.

라이프치히 인민신문

편집자 서문[7]

이미 오래전에 절판된 논문 〈사회 개혁이냐 혁명이냐〉에 대한 다양한 수요를 고려하여 재판을 출간한다. 이것은 특히 최근 당에서 뚜렷이 환기되고 있는 이론적 문제에 대한 바람직한 관심에 상응하는 것이라 생각한다. 왜냐하면 여기에 있는 이 논문은 지속적으로 중요한 일련의 원칙적이고 학문적인 문제들을 쉽게 이해할 수 있도록 간결하게 다루고 있기 때문이다. 저자는 이 논문에서 시대에 맞게 여러 부분을 조금씩 수정했다. 우리는 저자의 동의를 얻어 베른슈타인에 대한 논박문 외에 유사한 문제를 다루고 있는 몇 가지 논문을 추가했다. 왜냐하면 그것들이 하나로 묶기에 적합하다고 보았기 때문이다. 따라서 독자들은 이 소책자에서 여러 가지 측면에서 조명된 임금 법칙, 위기 그리고 노동조합, 협동조합주의, 사회 개혁 등에 관한 문제를 보게 될 것이다.

제1부 [8]

1. 베른슈타인의 방법[9]

이론적 반영이 인간의 두뇌 속에서 외부 세계의 현상을 반영하는 것이라면, 베른슈타인의 〔최신〕 이론과 관련해서 덧붙여야 할 얘기가 있다. 그것이 때때로 완전히 거꾸로 된 반영Reflexe[10]을 담고 있다는 사실이다. 슈툼-포자도브스키 Stumm-Posadowsky의 시대에[11] 사회 개량을 통해 사회주의를 도입하자는 이론이라니! 영국 기계 노동자들의 패배를 보았으면서 생산 과정에 대한 노동조합 통제를 주장하는 이론이라니! 작센 지방의 헌법 개정[12]과 제국의회의 보통선거권에 대한 탄압 기도[13]가 있었는데도 의회에서 사회민주주의의 다수 획득을 논하는 이론이라니! 그러나 우리가 보기에 베른슈타인의 설명에서 핵심은 사회민주주의의 실천적 과제에 관한 견해가 아니라, 오히려 자본주의 사회의 객관적 발전 경로에 관한 발언이다. 물론 사회민주주의의 현실적 과제에 관한 그의 견해는 이것과 밀접히 연관되어 있다.

베른슈타인에 따르면, 자본주의의 발전에 따라 자본주의의 전면적 붕괴는 점점 더 거의 불가능한 일이 된다. 왜냐하면 한편으로, 자본주의 체제가 더 큰 적응 능력을 보이며, 다른 한편으로 자본주의 생산이 훨씬 더 많이 분화될 것이기 때문이다. 베른슈타인은 자본주의의 적응 능력은 신용 체제와 기업과 조직의 발전, 그리고 광범한 커뮤니케이션 수단과 정보 서비스의 발전 덕분에 전면적 위기가 줄어들면서 나타난다고 본다. 그리고 둘째로는 생산 부문들의 지속적 분화와 프롤레타리아 계층의 많은 수가 중산계층으로 상승함으로써 이루어지는 중산계층의 강고함 속에서 나타나며, 더 나아가 셋째로 노동조합 투쟁의 성과로 프롤레타리아의 경제적, 정치적 지위가 상승함으로써 입증된다.

사회민주주의의 실천적 투쟁과 관련해서 위로부터 다음과 같은 일반적 지침이 따라 나온다. 즉 사회민주주의는 정치적 국가권력의 장악이 아니라 노동자 계급의 지위 향상을 지향하며, 사회적·정치적 위기를 통해서가 아니라 노동조합적 통제의 점진적 확대 및 협동조합 원리의 점진적 실현을 통한 사회주의의 도입을 지향해야 한다는 것이다.

베른슈타인은 자신의 이론 안에 새로운 것이 있다고 보지 않는다. 반대로 그는 자신의 이론이 마르크스와 엥겔스의 개별적인 견해들, 그리고 사회민주주의의 이제까지의 일반적 지향과 완전히 일치한다고 생각한다. 그럼에도 불구하고 우리는 〔그의 견해의 본질을 깊이 고찰한다면〕, 그것[14]이 과학적 사회주의의 사유 과정과 근본적으로 모순된다는 사실을 부정할 수 없다.

만일 베른슈타인의 수정주의가 단지 자본주의 발전 경로가 우리가 생각하는 것보다 훨씬 더 느리다고 주장하는 데 그친다면, 이는 지금껏 당연한 것으로 여겨온 프롤레타리아의 정치적 권력 장악을 연기한다는 것을 의미할 뿐이다. 그리고 여기서 실천적으로는 단지 투쟁 속도의 완화라는 결과가 나오게 될 것이다.

그러나 이는 사실이 아니다. 베른슈타인이 문제 삼는 것은 발전 속도가 아니라, 자본주의 사회의 발전 경로와 사회주의 질서로의 이행 자체이다.

지금까지의 사회주의 이론은 사회주의 변혁의 출발점을 전면적이고 파괴적인 위기라고 보았다. 우리는 이 이론에 내재한 근본 사유와 그 사유의 외적 형태를 구분해야만 한다.

사회주의 이론의 근본 사유는 자본주의 질서가 내적인 모순으로 인해 그것이 풍비박산 나는, 단순히 불가능하게 되는 지점에 이르게 된다는 주장이다. 우리가 볼 때,[15] 이러한 시점이 전면적이고 파괴적인 상업 위기의 형태로 나타날 것이라는 판단은 근거가 충분하다. 그럼에도 불구하고 이 주장은 근본 사유에 비하면 비본질적이고 사소한 것이다.

잘 알다시피 사회주의의 과학적 기초는 자본주의 발전의 다음 세 가지 결과에 근거를 두고 있다. 우선 가장 중요한 것으로 몰락을 불가피하게 만드는 자본주의 경제의 증가하는 무정부성Anarchie, 둘째, 미래 사회 질서의 긍정적 맹아를 창출하는 생산 과정의 사회화Vergesellschaftung의 증대, 셋째, 다가올 변혁의 실천적 요소를 형성하는 프롤레타리아의 증가하는 힘Macht[16]과 계급의식Klassenerkenntnis이 그것이다.

베른슈타인이 제거하고 있는 것은 이른바 과학적 사회주의의 근본지주 가운데 첫 번째이다. 즉 그는 자본주의 발전이 전면적인 경제 붕괴로 이어지지 않을 것이라고 주장한다.

그는 단지 자본주의 몰락의 특정 '형태'[17]를 기각하는 것이 아니라 몰락 자체를 기각한다. 그는 분명하게 말한다. "현 사회의 붕괴에 관해서 말할 때, 우리는 전면적인 상업 위기나 이전의 심각한 상업 위기 이상의 어떤 것, 즉 자체의 고유한 모순으로 인한 자본주의 체제의 완전한 붕괴를 염두에 둔다고 말할 수 있을지 모른다." 그러고는 이렇게 답변한다. "사회가 지속적으로 발전함에 따라 현 생산 체제의 거의 전면적인 완전한 붕괴는 있을 수 없는 일이 될 것이다. 왜냐하면 자본주의 사회는 적응 능력을 키우는 한편 동시에 산업의 분화를 증대시키기 때문이다."[18]

그렇다면 중대한 문제가 제기된다. 우리는 왜 그리고 어떻게 우리 노력의 최종 목표에 도달하게 될 것인가? 과학적 사회주의의 관점에 따르면, 사회주의 변혁의 역사적 필연성은 무엇보다도 먼저 자본주의 체제를 탈출구 없는 막다른 길로 내모는, 자본주의 체제의 증대하는 무정부성 속에 나타나는 것이다. 그러나 만일 우리가 베른슈타인의 생각처럼 자본주의가 자신의 파멸을 향해 나아가지 않는다고 가정한다면, 사회주의는 더 이상 객관적으로 필연적인 것이 될 수 없다. 이제 사회주의의 과학적 근거의 초석 중에서, 자본주의 질서의 다른 두 가지 결과가 남아 있다. 즉 생산 과정의 사회화와 프롤레타리아의 계급의식이 그것이다. 베른슈타인이 다음과 같이 말하면서 염두에 두고 있는 것은 이러한 요소들이다. "사회주의 사상은 그렇게 한다고 해서(즉 붕괴 이론을 제거한다고 해서—로자 룩셈부르크) 결코 설득력을 잃지 않는다. 엄밀히 살펴볼 때 이전 위기들을 제거하거나 교정하는 요소로서 우리가 열거해온 그 모든 것은 다 무엇이란 말인가? 사실 이 모든 것은 단지 생산과 교환의 사회화를 위한 전제이며, 심지어 부분적으로는 맹아에 지나지 않는다."[19]

그러나 아주 잠시만 생각해보면 이러한 주장이 잘못되었음을 알 수 있다. 베른슈타인이 자본주의의 적응 수단이라고 말한 현상들, 즉 카르텔, 신용 체제, 커뮤니케이션 수단의 발달, 노동자 계급의 지위 상승 따위는 왜 중요한가? 그 중요성은 분명히 이 현상들이 자본주의 경제의 내적 모순을 제거하거나 또는 적어도 완화시키기 때문이며, 그리고 이러한 모순의 발전과 심화를 방해한다는 데 있다. 따라서 위기를 제거한다는 것은 자본주의의 기초 위에서 생산과 교환 사이에 생기는 모순을 억제한다는 것을 의미한다. 그리고 부분적으로 노동자 계급의 지위 상승, 부분적으로 노동자 계급이 중산층으로 편입한다는 것은 자본과 노동의 적대 완화를 의미한다. 그러나 그리하여[20] 카르텔, 신용 체제, 노동조합 등이 자본주의의 모순을 지양하고 따라서 자본주의 체제를 몰락에서 구해내며 자본주의를 지속시키는 것이라면 이런 이유 때문에 베른슈타인은 이 현상들을 '적응 수단Anpassungsmittel'이라고 부른다. 그러나 어떻게 이 현상들이 동시에 사회주의를 향한 '전제이자 심지어 부분적으로는 맹아'일 수 있는가? 이는 분명히 이 현상들이 생산의 사회적 성격을 좀 더 확실하게 표현하기 때문일 것이다. 그러나 이 현상들이 생산의 사회적 성격을 '자본주의적'[21] 형태 속에서 지속하는 한, 거꾸로 이 사회화된 생산이 사회주의적 형태로 이행하는 것을 마찬가지로 무의미하게 만든다. 따라서 이 현상들은, 역사적 의미에서가 아니라 단지 개념적으로만 사회주의적 질서의 맹아이자 전제이다. 다시 말해서 이 현상들은 사회주의 구상이라는 우리의 개념에 비추어 볼 때 사회주의와 연관되어 있기는 하지만, 현실적으로는 사회주의 변혁을 가져오기는커녕 그것을 유명무실하게 만드는 현상들임을 우리는 알고 있다. 그렇다면 이제 사회주의의 기초로서 남은 것은 프롤레타리아의 계급의식뿐이다. 그러나 이 프롤레타리아의 계급의식 역시 베른슈타인의 이론에서는 더욱더 첨예해지는 자본주의의 모순과 다가올 몰락을 정신적으로 반영Reflex[22]하는 것이 아니라——자본주의의 적응 능력이 이러한 몰락을 방지하기 때문이다——공허한 이상에 불과하다. 그리고 이제 그 이상의 설득력은 그 이상에 부여된 완전성에 의존한다.

한마디로 말해 우리가 여기서 얻는 것은, '순수한 인식'을 통한 사회주의 프로그램의 기초, 좀 더 쉽게 말하자면 관념론적 기초다. 반면 객관적 필연성, 즉 구체적인 사회 발전의 진로를 따라 생기는 기초는 사라져버리고 없다. 베른슈타인[23]의 이론은 양자택일의 갈림길에 서 있다. 사회주의 변혁은 자본주의 질서가 발전함에 따라 깊어지는 객관적[24] 모순으로 인해 일어나며, 자본주의 질서는 어느 시점에 이르러 붕괴할[25] 것이다. 이 경우 '적응 수단'은 아무런 소용이 없으며 붕괴 이론이 옳다. 이것이 지금까지의 정설로서 베른슈타인이 택할 수 있는 하나의 길이다. 그러나 또 다른 길에 따르면, '적응 수단'이 실제로 존재하여 자본주의 체제의 붕괴 Zusammenbruch를 막고[26] 모순을 억누름으로써 자본주의를 지속하게 만든다. 이 경우 사회주의는 더 이상 역사적 필연성이 될 수 없다. 구체적 사회 발전의 결과만이 아니라면 무엇이라도 될 수 있다.

이 딜레마는 또 다른 쟁점으로 이어진다. 자본주의 발전

진로에 대한 베른슈타인[27]의 견해가 옳다면, 사회주의적 사회변혁은 하나의 유토피아가 된다. 반대로 사회주의가 결코 유토피아일 수 없다면, '적응 수단'에 관한 이론은 잘못된 것이다. (이것이냐 저것이냐), 그것이 문제다.

2. 자본주의의 적응

베른슈타인에 따르면 자본주의 경제의 적응력을 키우는 가장 중요한 수단은 신용 체제, 발전한 커뮤니케이션의 수단, 기업가 조직이다.

먼저 신용Kredit을 살펴보자. 신용은 자본주의 경제에서 다양한 구실을 하는데, 잘 알다시피 생산력[28]의 팽창 능력[29]을 키우고, 교환을 쉽게 만드는 것이 가장 중요하다. 무한히 확장하려는 자본주의 생산의 내재적 경향이, 자본의 크기가 제한되어 있다는 사적 소유의 한계와 충돌할 때, 신용은 자본주의적 방식으로 이 한계를 극복하는 수단이다. 즉 여러 사적 자본을 하나로 통합해 주식회사로 만들고, 한 자본가에게 산업 신용의 형태로 다른 자본을 사용할 수 있는 권리를 주는 것이다. 나아가 신용은 상업 신용으로서, 상품의 교환과 자본이 생산으로 이어지는 속도를 앞당김으로써 생산 과정의 전체 주기를 촉진한다. 신용의 이러한 두 가지 주요 기능이 위기 형성에 미치는 영향은 명백하다. 위기가 생산의 팽창 능력 혹은 팽창 경향30과 제한된 소비 능력 사이에 존재하는 모순 때문에 발생하는 것이라면, 위에서 말한 관점에서 볼 때 신용은 분명 가능한 한 자주 이 모순을 분출31시키는 특별한 수단이다. 무엇보다도 신용은 생산의 확장 능력을 엄청나게 늘리고, 끊임없이 생산력을 몰아세워 시장의 한계를 뛰어넘도록 하는 내적 추동력을 형성한다. 그러나 신용은 이 두 가지 측면에서 무너져버린다. 신용이 일단 생산 과정의 요소로서 과잉 생산을 낳으면, 위기의 시기 동안 신용은 유통의 수단으로서32 신용이 스스로 창출한 생산력을 그만큼 더 철저히 파괴한다. 최초의 정체 징후와 함께, 신용은 무너져 내린다. 신용은 절실하게 필요한 곳에서 교환을 방치해버리며, 여전히 신용이 존재하는 곳에서는 아무런 효과도 쓸모도 보여주지 못한다. 그리하여 신용은 위기의 시기에 소비 능력을 가장 낮은 수준으로 떨어뜨린다.

이러한 두 가지 중요한 결과 외에도 신용은 여러 가지 점에서 위기 형성에 연관된다. 신용은 자본가에게 다른 자본을 처분할 수 있도록 기술적 수단을 제공할 뿐만 아니라, 동시에 타인의 소유물을 대담하고 무모하게 사용하도록 박차를 가한다. 즉 무모한 축적을 낳는 것이다. 신용은 음험한 유통 수단으로33 위기를 악화시킨다. 또한 최소한의 금속 화폐가 실질적 기초를 이룬 상태에서, 전체 유통34을 사소한 계기에도 교란되고 마는 극단적으로 복잡하고 인위적인 메커니즘으로 변화시킴으로써 위기의 도래와 확대를 쉽게 한다.

따라서 신용은 위기를 없애거나 약화시키기보다는 오히려 위기를 불러일으키는 특별히 강력한 요소다. 이것은 결코 다른 것이 될 수 없다. 아주 일반적으로 말해서, 신용의 특수한 기능은 바로 자본주의적 관계에서 남아 있는 안정성Stabilität[35]을 제거하는 것이다. 신용은 모든 곳에서 할 수 있는 한 최대한의 유동성을 도입하고, 자본주의의 잠재력[36]을 가장 높은 수준까지 확대시키며 상대적이고 민감한 것으로 만든다. 이렇게 함으로써 자본주의 경제의 상호 대립하는 잠재력들[37] 간의 주기적인 충돌, 즉 위기는 더 쉽게 발생하며 더 깊어진다.

이제 또 다른 물음이 고개를 든다. 신용은 어떻게 해서 일반적으로 자본주의의 '적응 수단'으로 나타날 수 있는가? 어떤 맥락에서 그리고 어떤 형태로 적응을 파악하든, 신용의 본질은 분명히 다음과 같은 사실에 있다. 즉 자본주의 경제의 적대적 관계의 일부가 완화되고 모순의 일부가 지양되거나 둔화되지만 그리하여 구속된 다른 생산력이 어느 지점에서 자유롭게 활동하게 된다는 것이다. 사실 오늘날 자본주의 경제에서 모든 모순을 가장 크게 만드는 수단이 바로 신용이다. 신용은 생산을 극도로 확대시키는 반면, 교환은 최소한의 영역으로 마비시킨다는 점에서 생산양식Produktionsweise

과 교환양식Austauschweise 간의 모순을 증대시킨다. 그리고 생산과 소유를 분리한다는 점에서, 즉 생산 자본을 사회적 자본으로 변형시키는 동시에 이윤[38]을 순수 자본 이자의 형태로 단순한 소유권으로 변형시킨다는 점에서 생산양식과 수취양식Aneignungsweise 간의 모순을 증대시킨다. 또 신용은, 소수 자본가가 많은 중소 자본가들을 손아귀에 넣고 엄청난 생산력을 독점하게 함으로써 소유 관계와 생산 관계 간의 모순을 증대시킨다. 그리고 국가가 생산(주식회사)에 개입하는 것을 필연적인 일로 만듦으로써 생산의 사회적 성격과 생산의 사적 성격[39] 간의 모순을 증대시킨다.

한마디로 말해서, 신용은 자본주의 세계의 근본적 모순을 재생산한다. 신용은 자본주의 세계의 불합리성을 명백히 보여주며,[40] (따라서 신용은 자본주의 고유의 불완전성을 확인시킨다) 자본주의의 붕괴 속도[41]를 더욱 빠르게 한다. 따라서 신용 문제와 관련하여 생각할 때, 자본주의의 첫째 적응 수단은 신용을 파괴하고 억제하는 데 있다. 사실상 현재 존재하는 신용은 적응 수단이 아니라, 최고의 혁명적 영향력을 가진 파괴 수단이다. 그럼에도 불구하고 바로 이처럼 자본주의를 넘어 신용의 혁명적인 성격이 사회주의적인 개혁을 이끌어왔으며, 마르크스가 말했듯이 반은 예언자요 반은 사기꾼인[42] 신용의 위대한 대변자를 나타나게 했다!

좀 더 자세히 살펴보면, 자본주의 생산의 두 번째 '적응 수단'인 기업가 조직Unternehmerverbände 역시 공상적이다.[43] 베른슈타인에 따르면, 기업가 조직은 생산을 규제함으로써 자본주의 경제의 무정부 상태를 막고, 위기를 제거한다. 이 주장은[44] 카르텔, 트러스트 등이 대략적으로라도 지배적인 생산 형식이 될 때에 한해 옳다. 그러나 이러한 가능성은 바로 카르텔의 본질로 인해 배제된다. 기업가 조직의 최종적인 경제적 목적과 결과는, 특정 산업 부문의 지분을 증가시키기 위해, 이 분야 내에서의 경쟁을 배제함으로써 상품 시장에서 실현되는 이윤량의 분배에 영향을 준다는 점에 있다. 이러한 조직은 다른 산업 부문의 희생을 통해 단지 하나의 산업 부문에서 이윤율을 높일 수가 있다. 그리고 바로 이 때문에 이러한 조직이 일반화될 수 없다. 만일 이러한 조직이 중요한 생산 부문 전체로 확대된다면, 그 영향 자체가 끝날 것이다.

그러나 이러한 조직의 현실적인 실현[45]의 한계에서조차, 기업가 조직은 산업의 무정부 상태를 없애는 것에 반대되는 작용을 한다. 일반적으로 카르텔은, 국내 시장에서 흡수될 수 없는 잉여 자본 부분을 국외에서 훨씬 낮은 이윤율로 생산함으로써[46] 결국 국내 시장에서 이윤율의 증대를 실현한다. 이로 인해 국외에서 경쟁이 격화되고 세계시장에서 무정부 상태가 증가한다. 이것은 원래 자본의 의도와는 반대되는 상황이다. 오늘날의 국제 설탕 산업이 이러한 원리를 잘 보여준다.

결국 기업가 조직은 자본주의적 생산양식을 드러내주는 것으로, 자본주의 발전 과정의 특정 단계일 뿐이다. 사실 카르텔은 본질적으로, 특정 산업 부문에서 이윤율이 심각하게 떨어지는 것을 막기 위해 자본주의 생산양식이 선택한 하나의 수단일 뿐이다. 그렇다면 카르텔은 이러한 목적을 실현하기 위해 어떤 방법을 사용하는가? 그것은 축적된 자본의 일부를 사용하지 않고 놔두는 것으로, 이러한 방법은 위기 시에 다른 형태로 사용된다. 그러나 두 개의 빗방울[47]이 서로 닮았듯이, 그러한 치유책은 질병과 비슷한 것이다. 다만 어느 시점까지 더 작은 악으로 간주될 수 있을 뿐이다.[48] 판매 시장이 축소되기 시작하면 그러한 시기가 머잖아 온다는 것은 부정할 수 없는 사실이다. 자본의 일부가 쉴 수밖에 없는 상황에서 이러한 자본이 엄청나게 많아지면 치유책 자체가 질병으로 돌변하고, 이미 조직을 통해서 상당히 사회화된 자본은 다시금 사적 자본으로 돌아간다. 판매 시장에서 빈틈을 발견할 가능성이 점점 줄어드는 어려움 속에서, 모든 사적 자본은 혼자 힘으로 기회를 차지하려 한다. 이러한 상황에서 기업가 조직은 마치 비눗방울처럼 파열하고, 강화된 형태의 자유경쟁에게 다시 자리를 양보해야만 할 것이다.[49]

대체로 카르텔은 신용과 마찬가지로, 자본주의에 내재한[50] 모순을 표현하고 성숙하게 만듦으로써 궁극적으로 자본주의 세계의 무정부 상태를 심화시키는 특정한 발전 단계로서 나타난다. 카르텔은[51] 생산자와 소비자 간의 투쟁을 격렬하게 만든다는 점에서, 생산양식과 교환양식 간의 모순을 심화시킨다. 나아가 조직화한 자본의 막강한 힘과 노동자 계급을[52] 대립시켜, 자본과 노동의 적대 관계를 악화시킨다는 점에서, 생산양식과 수취양식 간의 모순을 심화시킨다.

마지막으로 카르텔은, 총체적인 관세 전쟁을 수반함으로써 몇몇 자본주의 국가들 간의 적대 관계를 악화시킨다는 점에서, 자본주의 세계경제의 국제주의적 성격과 자본주의 국가의 일국적 성격 사이에 모순을 증대시킬 수밖에 없으며, 그 밖에 생산의 집중과 기술적 진보 등에도 직접적으로 혁명적인 영향을 미친다.

따라서 자본주의 경제에 미치는 최종적인 영향을 고려할 때, 카르텔은[53] 결코 자본주의의 모순을 희석하는 '적응 수단'이 아니다. 오히려 자본주의 고유의 무정부 상태를 증대시키며, 자본주의에 내재하는 모순을 심화시킴으로써 자본주의의 몰락을 촉진하는 수단으로 나타난다.

그러나 신용과 카르텔 그리고 이와 유사한 것들이 자본주의 경제의 무정부 상태를 제거하는 것이 아니라면, 우리가[54] 지난 20년 동안 전반적인 상업 위기를 전혀 겪지 않은 것은 어떻게 된 일인가? 이는 자본주의적 생산양식이 적어도 어느 정도는 사회의 필요에 실질적으로 '적응'해왔고, 따라서 마르크스의 분석을 낡은 것으로 만들었음을 보여주는 표지가 아닌가?[55] 〔우리는 현재 세계시장의 평온을 다른 식으로 설명할 수 있다고 생각한다.

사람들은 이제까지 주기적으로 일어난 커다란 상업의 위기를, 마르크스가 도식화한 자본주의의 노년의 위기라고 생각하는 데 익숙해 있다. 대략 10년인 생산 순환 주기는 이 도식의 가장 좋은 증거인 듯이 보였다. 그러나 우리가 볼 때 이러한 견해는 오해에서 나온 것이다. 지금까지 일어난 커다란 국제적 위기들을 하나하나 면밀히 살펴본다면, 이 위기들은 자본주의 경제의 노년의 허약함을 표현하는 것이 아니라, 오히려 자본주의 경제의 유년기의 허약함을 표현하는 것임을 확신하게 될 것이다. 1825년, 1836년, 1847년 자본주의가 ── 마르크스의 도식에 묘사된 것처럼 ── 자본주의의 완전한 성숙에서 필연적으로 발생하게 되는, 시장 한계와 생산력의 주기적인 충돌을 낳는 것이 불가능했음을 입증하기 위해서는 간단히 돌이켜 생각해보는 것만으로도 충분할 것이다. 당시 각국의 자본주의는 유아기적 상태였기 때문이다.〕 사실, 1825년의 위기는 이전 10년간 특히 도로, 운하와 가스 공장 건설에 대규모로 투자한 결과였다. 그리고 위기 자체도 {영국에서} 발생했다. 1836년에서 1839년 사이의 연속된 위기 역시 새로운 운송 수단의 투자를 위한 대규모 건설의 결과였다. 익히 아는 바와 같이 1847년 위기가 발생한 것은, 영국에서의 과열된 철도 건설 때문이었다(1844~1847년의 단

3년 동안, 약 15억 달러[56]에 달하는 철도 건설 계획이 의회에 의해 승인되었다). 위의 세 경우 모두, 사회경제의 다양한 새로운 구성 형태와 자본주의가 발전하기 위한 새로운 기초가 마련된 후에, 위기가 뒤따랐다. 1857년, 금광 발견의 여파로 미국과 오스트레일리아에 유럽 산업의 판매 시장이 갑자기 도래했고, 프랑스에서는 특히 영국을 본보기로 철도가 건설되었다(1852년에서 1856년 사이 프랑스에서는 12억 5천만 프랑에 해당하는 규모의 철도가 건설되었다). 마지막으로 1873년의 대위기는 익히 알다시피, 독일과 오스트리아에서 일어난 최초의 중공업 붐 같은 새로운 형성의 직접적 결과였으며, 또한 이는 1866년[57]과 1871년[58]의 정치적 사건에 뒤이은 것이었다.

따라서 자본주의의 활동 공간의 축소나 고갈이 아니라, 자본주의의 경제 영역의 갑작스러운 확장이 이제까지 매번 상업 위기의 원인이었다. 이제까지의 국제적 위기가[59] 10년 주기로 발생했다는 것은, 순전히 외적이고 우연한 현상처럼 보인다. 엥겔스가 《반뒤링론Anti-Dühring》에서 그리고 마르크스가 《자본론Das Kapital》[60] 3권에서 제시하듯이, 마르크스주의의 위기 도식은, 단지 모든 위기의 내적 메커니즘과 근저에 놓인 일반적 원인을 밝히고 있다는 점에서만, 이제까지의 그러한 위기에 적용된다.[61] 〔그러나 전체적으로 이 도식은 오히려 완전히 발전된 자본주의 경제, 곧 세계시장이 이미 주어져 있는 것으로 간주되는 경제 상태에 좀 더 잘 부합한다. 위기는 오로지 그때만, 생산 과정과 교환 과정의 내적인 고유한 운동으로부터 생산 관계나 시장 관계에서의 돌발적인 충격이라는 외부 원인이 없이, 기계적인 방식으로 마르크스의 분석에서 상정된 바와 같이, 반복될 수 있을 것이다. 우리가 오늘날의 경제 상황을 떠올린다면, 우리는 주기적 위기에 관한 마르크스의 도식이 가정하고 있는 자본주의의 완전한 성숙 단계에 이르지 못했다는 것을 인정해야만 한다. 세계시장은 여전히 발전하는 중이라고 생각한다. 독일과 오스트리아는 1870년대에야 비로소 실제적인 대량생산 산업 단계에 접어들었고, 러시아는 1880년대에야 그런 단계에 이르렀다. 프랑스 지역도 대부분 여전히 소자영업 생산 단계에 있고, 발칸제국의 상당 부분은 지금도 여전히 자연경제의 족쇄에서 빠져나오지 못하고 있다. 미국, 오스트레일리아와 아프리카는 1880년대에 들어서야 비로소 유럽과 대규모 정규 상품 교역을 시작했다. 따라서 1870년대까지 주기적으로 발생했던 것처럼, 우리가 한편으로 자본주의 경제의 새로운 영역의 돌발적인 발전과 주기적인 위기, 이른바 유년의 위기를 이미 과거에 경험한 것이라면, 다른 한편으로 생산력과 시장 한계의 파국적인 주기의 충돌 즉 자본주의가 실질적인 노년의 위기를 맞을 정도로 세계시장이 발전하고 소진되는 단계에는 아직 진입하지 못하고 있다. 우리는 위기가 더 이상 자본주의의 흥기를 뒤따라오지 않는 단계에 있지만, 그러나 아직 위기가 자본주의의 쇠퇴의 결과로 오게 되는 단계에 와 있는 것은 아니다. 이 이행 시기의 특징은 짧은 호황이 긴 불황과 교체되는, 약 20년 동안 지속되는 대체적으로 미약한 사업 상황이다.

우리가 끊임없이 종말의 시작, 즉 자본주의의 최종적 위기의 시기에 가까워진다는 것은 우연히 위기의 부재를 조건지었던 바로 그 동일한 현상들로부터 생기는 결과이다. 언젠가 세계시장이 거의 전역에 형성되고 더 이상 돌발적인 확장을 통해서 확대될 수 없다면, 조만간 생산력과 교환 한계 사이의 갈등이 시작될 것이고, 계속 반복되면서 더 날카롭고 광란적이 될 것이다. 그리고 세계시장을 급속히 창출하고 소진시키는 시기로 접근시키는 데 특별히 적합한 것이 있다면, 그것은 바로 베른슈타인이 자본주의의 '적응 수단'으로 간주한 현상 즉 신용 체제와 기업가 조직인 것이다.] 자본주의 생산 자체를 교환에 '적응시킬' 수 있다는 가정의 전제는 다음 둘 중 하나다. 즉 세계시장이 제한 없이 무한히 확장될 수 있거나, 반대로 생산력이 발전하는 데 한계가 있으며 결코 시장의 한계를 넘어서서 증대되지 못한다는 것이 그것이다. 전자는 물리적으로 불가능한 가정이다. 그리고 후자는, 모든 생산 영역에서 부단히 기술 혁신이 일어나고 있으며 이것이 나날이 새로운 생산력을 불러일으키는 실제 현실과 모순된다.

그런데 베른슈타인에 따르면 위에서 말한 자본주의 현실의 진로와 모순되는 또 하나의 현상이 있다. 그의 식으로 말하자면, 이는 중소기업의 '불굴의 공고한 저항'이다. 베른슈타인은 이 속에서 '붕괴 이론Zusammenbruchstheorie'에 따라서 예상될 수 있는 것처럼 대기업의 발전이 그렇게 혁명적이거나 강력한 영향을 미치지 않는다는 징후를 본다. 그러나 여기서 베른슈타인은 자신의 몰이해의 희생물이 되고 있다. 대기업이 발전함으로써 그 결과 중간 규모의 기업이 점차 사라질 것이라 기대한다면, 이는 대기업의 발전을 완전히 잘못 이해하는 것이다. 자본주의가 발전하는 일반적인 과정에서 소자본은 다음 두 가지 의미에서 실제로 기술 혁명의 요인이라는 역할을[62] 한다. 오래되고 안정된 산업 부문에 새로운 생산 방법을 선도하는 것 그리고 아직 대자본이 장악하지 않은 새로운 생산 부문을 창출하는 것이다. 자본주의의 중간 규모 기업의 발전이[63] 단선적으로 쇠퇴해 점차 몰락에 이른다는 가정은 완전히 잘못되었다. 그 발전의 실제 과정은 오히려 순전히 변증법적인 것이며, 모순 속에서 지속적으로 발전해나간다. 중간 자본가층은 노동자 계급과 마찬가지로, 대립적인 두 가지 경향——즉 하나는 상승시키고 다른 하나는 하강시키는——의 영향을 받는다. 하강시키는 경향은 생산 단계를 지속적으로 발전시키는 것으로, 이것은 중간 규모 자본의 생산력을[64] 주기적으로 앞지르고 그리하여 반복적으로 경쟁 투쟁에서 그것을 퇴출시킨다. 상승시키는 경향은, 특정 기간 동안 필요한 최소 자본의 가치에 따라 다시 생산 규모를 축소시키고 기존 자본의 가치를 주기적으로 낮추는 것과, 새로운 사업 영역으로 자본주의 생산을 확장하는 것이다. 중간 규모 기업이 대자본을 상대로 벌이는 투쟁은, 약한 부대가 직접적이고 양적으로, 지속적으로 없어지는 규칙적으로 반복되는 전투가 아니다. 오히려 그것은, 없어졌다가는 다시 급속히 등장하고 다시금 대산업의 힘에 의해 없어지는 소자본의 주기적인 제거라고 생각해야 한다. 자본주의 중간층을 마음대로 농락하는 이 두 가지 경향 가운데 궁극적으로 승리하는 것은 노동자 계급의 발전과는 반대로 〔그것을〕 하강시키는 경향이다. 이것이 필연적으로 절대적이고 양적인 중간 규모 기업의 축소로 나타나야만 하는 것은 아니다. 그것(하강하는 경향의 궁극적 승리―옮긴이주)은 첫째, 오래된 생산 부문에서 기업의 기능을 유지하기 위해 필요한 최소 자본이 지속적으로 커지는 속에서, 둘째로, 소자본이 새로운 생산 부문을 이용할 기회를 누리는 기간이 계속 줄어드는 데서 보여진다. 이러한 사실에서 개인 소자본의 경우 더욱 생존 기간이 지속적으로 단축되며, 생산 방식과 투자 방식에 더 급속한 변화를 가져온다. 그리고 이 계급 전체의 경우 사회의 신진대사의 속도가 점점 더 빨라지는 결과를 가져온다.

베른슈타인은 이 사실을 매우 잘 알고 있으며 스스로 이것에 대해 언급한다. 그러나 그가 잊고 있는 것은 이러한 사실이 자본주의에서 중간 규모 기업의 발전[65] 법칙 자체라는 것이다. 만일 소자본이 기술 진보의 견인차이고 기술적 진보가 자본주의 경제의 결정적인 생명력이라면, 소자본은 분명히 자본주의의 발전과 분리할 수 없는 동반 현상을 형성하며, 자본주의의 발전은 단지 소자본과 함께 사라져갈 뿐이다. 베른슈타인에게 중요한 절대적인 통계의 의미에서 중간 규모 기업이 점차 사라지는 것은 베른슈타인의 생각처럼 자본주의의 혁명적 발전이 아니라, 정반대로 자본주의 발전의 중단, 둔화이다. "이윤율, 즉 자본 비율의 증가가 무엇보다 먼저, 모든 독자적인 새로운 자본 투자가에게 중요하다. 따라서 자본 형성이 배타적으로 소수 대자본의 손에 장악된다면, 생산의 창조적인 생명력은 소진될 것이다. 그것은 서서히 소멸될 것이다."[66]

〔따라서 베른슈타인이 말하는 적응 수단은 효과가 없으며, 그가 적응의 징후라고 간주한 현상은 전혀 다른 원인에서 나온 것이어야 한다.〕

3. 사회 개혁을 통한 사회주의의 도입

베른슈타인은 사회주의 사회의 실현을 위한 역사적 과정

으로서의 '붕괴 이론'을 배격한다. 그렇다면 '자본주의 적응 이론'의 관점에서 사회주의 사회로 이끄는 길은 무엇인가? 베른슈타인은 이 문제에 암시적으로만 답변하고 있을 뿐이다. 슈미트[67]는 베른슈타인의 방식으로 이 문제를 상세히 다루고자 했다.[68] 그에 따르면, '노동조합 투쟁과 사회 개혁을 위한 정치투쟁은 사회가 생산 조건의 더 많은 부분을 통제'하도록 하며 입법을 통해 '자본 소유자의 권리는 제한되어, 점점 더 단순한 행정가의 역할로 {그 기능이} 축소될 것이다.' {이러한 과정에서} 결국 '자신의 소유가 점점 더 가치를 상실하게 되어 전의를 상실한 자본가에게서 기업의 지도와 경영을 빼앗게 될 것이고' 그리하여 궁극적으로 사회적 기업이 도입될 것이다.

따라서 노동조합, 사회 개혁 그리고 베른슈타인이 덧붙이고 있듯이 국가의 정치적 민주화, 이것이 사회주의를 점진적으로 도입하는 수단이다.

노동조합에서 시작해보자. 노동조합의 가장 중요한 기능은 누구보다도 베른슈타인이 7년 전[69] 《새로운 시대》[70]에서 가장 잘 제시하고 있다. 즉 노동조합의 가장 중요한 기능은, 노동자 계급에게 자본주의의 임금 법칙, 즉 특정 시점의 시장가격에 따른 노동력의 판매를 실현시키는 수단이라는 것이다. 노동조합은 특정 시점에 주어진 시장 상황을 프롤레타리아를 위해 이용함으로써 프롤레타리아에게 봉사한다. 그러나 이러한 시장 상황, 즉 첫째, 생산 상황에 의해 결정되는 노동자 수요, 둘째,[71] 프롤레타리아화와 자연적 재생산에 의해 창출되는[72] 노동력의 공급, 마지막으로 주어진 노동 생산성의 정도는 노동조합의 영향력이 미치지 않는 영역에 있다. 따라서 노동조합은 임금 법칙을 철폐시킬 수 없다. 노동조합은 최선의 경우에라도, 특정 시점의 '정상적' 한계를 자본주의적 착취에 부과할 수 있을 뿐이며, 결코 그 착취 자체를 점진적으로라도 철폐할 수는 없다.

물론 슈미트는 현재 노동조합 운동을 '미약한 시작 단계'로 규정하며 '노동조합 운동이 생산규제 자체에 더 큰 영향을 끼치게 되는' 미래를 희망한다. 그러나 우리는 생산 규제라는 말에서 단 두 가지를 이해할 수 있을 뿐이다. 생산 과정의 기술적인 측면으로 생산 과정이 개입하는 것과, 둘째로 생산 규모 자체의 결정이다. 이 두 가지 문제에서 노동조합이 지니는 영향력의 본질적 성격은 무엇인가? 생산기술의 문제와 관련해, 〔몇몇〕 자본가들의 이해가 자본주의 경제의 진보와 발전에 전적으로[73] 일치한다는 것은 분명하다. 자본가를 기술적인 진보로 이끄는 충동은 그 자신의 필요 때문이다. 개별 노동자들은 이와 정반대되는 입장이다. 즉 모든 기술 변혁은 그것에 의해서 직접적으로 침해되는 노동자의 이해 관계와 대립된다. 노동력의 가치를 저하시킨다는 점에서[74] 기술 변혁은 노동자의 상황을 직접적으로 악화시킨다. 노동조합이 생산의 기술적인 측면에까지 개입할 수 있는 한, 노동조합은 분명 단지 최종적인 의미에서, 즉 직접적으로 이해관계가 관련된 개별 노동자 집단이라는 의미에서 행동할 수 있을 뿐이다. 다시 말해 노동조합은 {기술} 혁신에 반대할 수 있을 뿐이다. 이러한 경우, 노동조합은 노동계급 전체의 이익——이 이해관계는 오히려 기술 진보와 개별 자본가의 이해관계와 일치한다——과 해방을 위해서가 아니라 반동의 의미에서 행동한다. 그리고 실제로 우리는 생산의 기술적 측면에 개입하려는 노력을, 슈미트처럼 미래에서가 아니라 노동조합 운동의 과거에서 발견한다. 이러한 노력은 여전히 중세의 길드 전통에 구속되어 있으며, '적당한 노동에 대한 권리 획득'이라는 낡은 원리가 이끄는[75], 영국 노동조합주의의 이전 단계(1860년대까지)의 특징이기도 하다. 이에 반해 생산 규모와 상품 가격을 결정하려는 노동조합의 노력은 완전히 새로운 시점의 현상으로 생각된다. 최근에야 비로소 우리는 다시 영국의 이러한 시도를 목격한다.[76] 그러나 그 성격과 경향에서 보자면 이러한 시도는 앞의 사례와 유사하다. 노동조합이 상품 생산의 규모와 가격 결정에 적극적으로 참여한다는 것은 필연적으로 어디로 귀결되는가? 그것은 소비자에 적대적인 노동자와 기업가의 카르텔, 특히 강제적인 조처——일반적인 기업가 동맹이 사용하는 방법에 전혀 뒤지지 않는——를 사용하여 경쟁 기업가에 적대적인 노동자와 기업가의 카르텔 형성으로 귀결된다. 요컨대 이것은 더 이상 노동과 자본의 투쟁이 아니라, 소비자 사회에 대해 적대적인 자본과 노동력의 연대 투쟁이다. 그러한 연대 투쟁의 사회적 가치라는 측면에서 볼 때, 그것은 계급투쟁과 정반대되는 것을 표현한다는 점에서 프롤레타리아의 해방 투쟁에 아무런 도움이 되지 않는 반동적인 시작이다. 또 실천적 가치라는 점에서 볼 때 간단한 고찰을 통해 입증되듯이, 그것은 세계시장을 향해 생산하는 생산 부문으로 대규모로 확대될 수 없는 유토피아다.

따라서 노동조합의 활동은 무엇보다 임금 투쟁과 노동 시간 단축, 즉 각각의 시장 관계에 따라 자본주의의 착취를 규제하려는 것에 제한된다. 그러나 사태의 본질에 따라, 생산 과정에 대한 영향력은 여전히 차단되어 있다. 게다가 노동조합의 발전 진로는, 슈미트가 가정한 것과는 정반대로, 다른 모든 상품 시장과 전혀 연관되지 않는 방향으로 나아간다. 이에 대한 가장 적절한 예는, 임금 변동제[77]를 통해 노동 계약을 적어도 수동적으로 일반적인 생산 상태와 직접적으로 연결시키려는 노력은 시대 발전에 뒤떨어진 것이고 영국의 노동조합은 그러한 노력을 점점 기피한다는 사실[78]이다.

그러나 노동조합의 영향력의 현실적 한계 속에서 노동조합 운동은 자본의 적응 이론이 가정하는 것처럼 무한히 확대되고 있지 않다. 정반대이다! 우리가 사회 발전의 좀 더 큰 궤적을 생각해본다면, 대체로 노동조합 운동은 강력한 부흥기가 아니라 쇠퇴기를[79] 맞고 있다는 사실을 부정할 수 없을 것이다. 산업 발전이 최고점에 이르러 자본주의가 세계시장에서 '사양길'에 들어서게 되면, 노동조합 투쟁은 이중적으로 어려워진다. 첫째로 노동력에 대한 수요는 현재보다 점점 더 느리게 증가하는 반면, 공급은 더욱 급속히 증가한다는 점에서 시장의 객관적 상황은 노동자에게 더 어려워진다. 둘째로 세계시장에서의 손실을[80] 보충하기 위해 자본은 노동자에게 속하는 생산물 부분에 손을 대고자 한다(그 부분의 축소를 시도한다). 노동 임금을 제한하는 것은 이윤율의 저하를 막는 가장 중요한 수단의 하나인 것이다.[81] 이미 영국은 우리에게 노동조합 운동에서 막 시작된 두 번째 시기의 모습을 보여준다. 노동조합 운동은 필연적으로, 점점 더 기존의 성과를 단순히 방어할 뿐이며 나아가 이것마저도 더욱 어려워지고 있다. 이것이 앞에서 설명한 상황의 일반적인 발전 경로다. 이것과 대립되는 것은, 정치적-사회적 계급투쟁의 부흥임이 틀림없다.

사회 개혁에 관한 슈미트의 견해에서도, 거꾸로 된 역사적 관점의 오류가 똑같이 나타난다. 그는 사회 개혁에 관해 이렇게 기대한다. 사회 개혁은 '노동조합의 노동자 동맹과 제휴하여, 그들이 노동력을 사용할 수 있는 조건들을 자본가 계급에게 강요한다.' 이렇게 파악된 사회 개혁의 의미에서, 베른슈타인은 공장법을 '사회적 통제gesellschaftliche Kontrolle'

의 일부이며 그 자체로 사회주의의 한 부분이라고 부른다. 슈미트 역시 국가의 노동자 보호에 관해 언급할 때는 언제나 '사회적 통제'를 말한다. 그리고 그는 스스로 자족하면서 국가를 사회로 변형시키고는 확신을 가지고 다음과 같이 덧붙인다. "즉 {이것은} 상승하는 노동자 계급의 상황에 비추어볼 때 그러하다." 이러한 과정을 통해서, 독일 연방의회의 노동자 보호 규정은 독일 프롤레타리아를 사회주의로 인도하는 수단으로 탈바꿈한다.

　여기서 신비화는 {모든 것을 신비화시키는 그의 경향은} 명백하다. 오늘날의 국가는 결코 '상승하는 노동자 계급'의 의미에서 '사회'가 아니다. 그것은 자본주의 사회의 대변자, 곧 계급국가이다. 따라서 그 국가가 집행하는 사회 개혁은, '사회적 통제'의 실행, 즉 자신의 노동 과정에 대해서 자유롭게 노동하는 사회의 통제가 아니라, 자본의 생산 과정에 자본의 계급 조직이 가하는 통제이다. 따라서 그 속에서, 다시 말해 자본의 이해관계 속에서 사회 개혁의 필연적 한계가 발견된다. 물론 베른슈타인과 슈미트는 현재 상황은 단지 '미약한 시작 단계'일 뿐이라고 생각하며, 따라서 노동자 계급의 힘에 의해 끊임없이 사회 개혁이 증대되는 미래를 기대한다. 그러나 그들은 여기서 더욱 늘어나는[82] 노동조합 운동에 관해 생각할 때와 똑같은 잘못을 저지르고 있다.

　사회 개혁을 통해 사회주의를 점진적으로 도입하는 데 관한 이론은, 그 이론의 조건——여기에 이 이론의 핵심이 있다——으로, 자본주의적 소유의 특정한 객관적 발전과 국가의 특정한 객관적 발전을 전제하고 있다. 첫 번째 문제와 관련해 슈미트가 가정하는 미래 발전의 구상은 이러하다. 즉 '자본 소유자는 그 권리가 점점 축소됨으로써, 단순 관리자의 역할로 떨어질 것이다.' 슈미트는 생산 수단을 단번에 급속히 몰수하는 것은 불가능하다고 보면서, 단계적 전유 이론을 생각해낸다. 여기에 꼭 필요한 전제로 그는 소유권을 다음의 두 가지로 구분하는 것을 구상한다. 하나는 그가 '사회'에 부여하는 것으로 좀 더 확대되기를 바라는 '상급 소유권'이고, 다른 하나는 자본가의 손에 있는 것으로, 점점 더 단순한 관리로 축소되어가는 사용 권한이다. 이러한 구상은 더이상 전달해주는 것이 아무것도 없는 순진한 말장난이다. 단계적 전유 이론에는 아무런 근거도 없다. 아니면 그 구상은 법의 발전에 관련된 진지한 구상일 수 있다. 그러나 이 경우에 그것은 완전히 잘못된 것이다. 소유권에 관련된 다양한 권한을 구분하는 것은 봉건 자연경제 사회의 특징인데, 슈미트는 바로 이 특징을 자본의 '점진적 권유' 이론의 도피처로 삼는다. 이 사회에서는 다양한 사회계층 간의 물품 분배가 자연적으로 그리고[83] 개인적 관계의 기초 위에서 이루어졌다. 여기서 소유권을 다양한 부분으로 분할하는 것은, 미리 주어진, 사회적 재부의 분배 방식을 반영한 것이었다. 상품 생산으로 옮겨가고 생산 과정에 참여하는 사람들 간의 개인적 유대가 해체됨으로써 거꾸로 인간과 사물의 관계 즉 사적 소유권이 확고해졌다. 더 이상 개인적 관계가 아니라 교환을 통해 분배되기 때문에 사회적 재부에 대한 다양한 참여 권리는 공동 대상에 대한 소유권을 구분한다는 관점에서가 아니라, 각자가 시장에 가져오는 가치에 따라서 측정된다. 상품 생산이 대두함으로써 중세의 도시 공동체에 발생한, 법적 관계에 나타난 최초의 변혁은, 소유권이 구분되어 있던 봉건적인 법 관계의 내부에서 절대적인 사적 소유가 발전했다는 것이다. 자본주의적 생산 속에서 이 발전은 더욱 진척되었다. 생산 과정이 사회화될수록, 분배 과정은 순전히 교환에 더 의존하게 되었고,[84] 사적 소유권은 더 불가침적이고 폐쇄적인 것이 되었다.[85] 자본가 자신이 공장을 관리하는 한, 특정 시점까지 분배는 여전히 생산 과정에 개인이 참여하느냐에 결부되어 있다. 공장주의 관리가 피상적인 것이 됨에 따라, 주식회사에서 전형적인 것이지만 분배에 대한 참여권으로서의 자본 소유는 완전히 생산의 개인적 관계에서 단절되고, 가장 순수하고 폐쇄된 형태로 나타난다. 주식 자본과 산업적 신용 자본에서 자본주의의 소유권은 가장 완전하게 발전한다.

따라서 슈미트에 의한 역사적 도식,[86] 즉 {자본가가} '소유자에서 단순한 관리자로 된다'는 도식은 실제의 발전과는 정반대인 듯하다. 왜냐하면 {실제로는} 반대로 소유자이자 관리자에서 단순한 소유자로 바뀌는 과정이기 때문이다. 여기서 슈미트의 경우, 상황은 다음의 괴테의 표현처럼 진행된다.

자신이 지니고 있는 것을, 그는 아득히 먼 곳에서 보네.
그리고 이미 지나간 것이 그에게는 현실로 다가오네.[87]

또한 그의 역사적 도식이, 경제적으로 현대 주식회사에서 공장제 수공업으로, 또는 심지어 장인 수공업으로 거슬러 올라가는 것처럼, 그는 법적으로 자본주의 세계를 봉건 자연경제의 알껍데기 속으로 복귀시키고자 한다.

이러한 관점에서 보면 '사회적 통제'도 슈미트가 파악하는 것과는 다른 각도로 볼 수 있다. 오늘날 '사회적 통제'로 기능하는 것——노동자 보호법, 주식회사에 대한 감독 등——은 실질적으로 소유권에 참여하는 것, 다시 말해 '상급 소유'와 전혀 관련이 없다. 그것은 자본주의의 소유를 제한하는 것이 아니라, 거꾸로 그것의 보호를 위해 기능한다. 또는 경제적 관점에서 말한다면 사회적 통제는 자본주의의 착취에 개입하는 것이 아니라, 이 착취 질서를 규범화Normierung하는 것이다. 그리고 베른슈타인이 공장법에 많든 적든 사회주의적 요소가 존재하는가라고 묻는다면, 최선의 공장법에는, 거리

청소나 가로등 점등에 관한 시의회의 결의—이것 역시 '사회적 통제'가 아닌가—에 사회주의가 스며 있는 것과 똑같은 정도로 사회주의가 스며 있다고 그를 확신시킬 수 있을지도 모른다.

4. 관세 정책과 군국주의

사회주의를 점진적으로 도입하기 위한 베른슈타인의 두 번째 전제는 국가가 사회로 발전한다는 것이다. 오늘날 국가가 계급국가라는 것은 이미 상투어가 되었다. 그런데 우리는 이것이 자본주의 사회와 관련된 모든 것과 마찬가지로 고정된 절대적인 의미에서가 아니라 변화하는 발전의 관점에서 파악되어야 한다고 생각한다.

부르주아의 정치적 승리와 함께 국가는 자본주의적 국가가 되었다. 물론 자본주의의 발전 자체는, 국가의 영향력이 미치는 영역을 더욱 확대시키고 국가에 새로운 기능을 부여하며, 경제생활과 관련해 이에 국가가 개입하고 규제하는 것을 더욱 필수적인 것으로 만들었다는 점에서 국가의 성격을 본질적으로 변화시킨다. 이러한 점에서 미래에 국가가 사회와 점차적으로 융합되는 것, 국가의 기능이 사회로 복귀하는 것이 준비되고 있다고 볼 수 있고 자본주의 국가가 사회로 발전함을 언급할 수 있다. 그리고 분명히 이러한 의미에서 마르크스는 노동자 보호법을 사회적 삶의 과정에 '사회'가 의식적으로 개입한 첫 번째 사례라고 말하는 것——이 문장은 또한 베른슈타인이 논거로 인용하고 있는 문장이기도 한데——이다.

그러나 반면에 이와 같은 자본주의의 발전을 통해, 국가의 본질에 다른 변화가 생겼다. 무엇보다도 먼저 오늘날 국가는 지배적인 자본가 계급의 조직이다. 국가가 사회적 발전을 촉진하는 보편적 이해관계를 지닌 다양한 기능을 떠맡는다면, 그것은 단지 이 이해와 사회 발전이 지배 계급의 이해관계와 일치하기 때문이며 또한 그것은 이해관계가 일치하는 한에서만 가능하다. 예를 들어 노동자 보호법은 사회 전체의 이해관계인 동시에 계급으로의 자본가의 직접적인 이해관계이기도 하다. 그러나 이 조화는 자본주의가 발전하는 특정 시점까지만 지속될 뿐이다. {자본주의} 발전이 특정 시점에 이르면, 계급으로서의 부르주아의 이해관계는 심지어 자본주의의 의미에서일지라도, 경제적 진화[88]의 이해관계와 대립하기 시작한다. 우리는, 이러한 단계가 이미 도래했으며, 또한 이것은 오늘날 사회생활의 가장 중요한 두 가지 현상인 관세 정책과 군국주의 안에서 드러나고 있다고 생각한다. 이 두 가지——관세 정책과 군국주의——는, 자본주의 역사에서 꼭 필요하고, 그러한 한에서 진보적인 혁명의 역할을 해왔다. 보호관세가 없었다면, 몇몇 나라에서는 대산업이 일어나지 못했을 것이다. 그러나 오늘날에는 사정이 다르다. 〔모든 가장 중요한 나라, 특히 가장 보호관세를 적극적으로 실행하는 나라들에서 자본주의의 발전은 거의 같은 평균 수준이다.〕 자본주의적 발전, 즉 세계경제의 관점에서 보자면, 독일이 영국으로 더 많은 상품을 수출하는가 영국이 독일로 더 많은 상품을 수출하는가는 오늘날 전혀 문제가 되지 않는다. 따라서 이 같은 발전의 관점에서 무어인Mohr은 자신의 일을 해왔고 자신의 길을 갈 수 있었다. 진정 그는 그 길을 가야만 했었을 것이다.[89] 다양한 산업 부문이 서로 의존하는 오늘날의 상황에서 어떤 상품에 대한 보호관세는 국내 다른 상품의 생산 비용을 증가시키고, 산업 {발전}을 다시 저지시킨다. 그러나 자본가 계급의 이해관계라는 관점에서 본다면 사정은 그렇지 않다. 산업의 발전을 위해 보호관세가 필요하지는 않지만, 기업가에게는 판매를 보호하기 위해 관세가 필요하다. 즉 오늘날 관세는 더 이상 발전하는 한 자본주의의 생산을 더 성숙한 {다른 나라의} 생산으로부터 보호하는 수단이 아니라, 한 나라의 자본가 집단을 다른 집단으로부터 보호하는 수단으로 기능한다. 나아가서 관세는 더 이상 국내시장을 형성하고 확대하기 위해 산업을 보호하는 수단으로 필요한 것이 아니고, 단지 산업의 카르텔화를 위한, 즉 소비사회에 대한 자본주의 생산자의 투쟁을 위해 없어서는 안 될 수단으로 필요할 뿐이다. 마지막으로 오늘날 관세정책이 가장 뚜렷하게 보여주는 고유한 특징은 다음과 같은 것이다. 오늘날 관세정책에서 결정적인 역할을 하는 것은 산업이 아니라 농업이다. 즉 관세정책은 본질적으로 봉건적 이해를 자본주의적 형태로 바꾸어 표현하는 수단이 되었다.

군국주의에 대해서도 같은 변화가 생겼다. 만일 역사를, 그것이 어쩌면 실현될 수 있었을지도 모를 또는 실현되어야만 했던 모습이 아니라 있는 그대로의 모습으로 고찰한다면, 우리는 전쟁이 자본주의 발전을 위한 필수불가결한 요소였다는 점을 확인할 수밖에 없다. 미국, 독일, 이탈리아, 발칸제국, 러시아 그리고 폴란드는 모두 자본주의 발전을 위한 조건과 계기를 전쟁에서—— 그들이 승리했거나 패배했거나 마찬가지로—— 찾았다. 나라의 분열과 자연적 고립을 극복해야만 했던 나라들의 경우에도 군국주의는 자본주의의 의미에서 혁명적인 역할을 행했다. 그러나 오늘날은 상황이 다르다. 〔군국주의는 이제 더 이상 자본주의를 여는 아무런 역할도 하지 않는다.〕 오늘날 중국이 위협적인 갈등의 무대가 되었다면, 그것은 분명 유럽 자본주의를 위해 중국을 개발하는 문제와 관련된 것이 아니라, 중국에 이식되고 중국 땅에서 폭발하게 된, 진전된 유럽의 적대 문제와 관련된 것이다.[90] 오늘날 유럽이나 세계 다른 지역에서 무기를 들고 서로 적대하며 등장한 세력들은, 한쪽은 자본주의 나라, 다른 쪽은 자연경제 상태에 있는 나라들이 아니라, 바로 동등하게 높은 수준의 자본주의가 발전했기 때문에 갈등을 겪게 된 나라들인 것이다. 물론 이러한 상황에서 그 갈등은 일단 생기게 되면 이 {자본주의} 발전에 치명적이다. 왜냐하면 〔이번에는 완전히 무의미하게〕 그 갈등은 모든 자본주의 나라의 경제생활에 심각한 혼란과 변혁을 불러일으키기 때문이다. 그러나 자본가 계급의 관점에서 보면 사정은 전혀 다르다. 오늘날 자본가 계급에게 군국주의는 세 가지 의미에서 필수불가결한 것이 되었다. 첫째, 다른 민족 집단과 서로 경쟁하는 '민족' 이해관계의 수호를 위한 투쟁 수단으로, 둘째, 금융 자본뿐만 아니라 산업 자본의 가장 중요한 투자 수단으로, 셋째, 국내에서 노동 계층에 적대적인 자본의 지배를 위한 도구로 군국주의는 꼭 필요하다. 그러나 이 모든 이해관계는 자본주의의 세계경제 자체의 발전[91]과는 아무런 공통점이 없다. 그리고 나아가 오늘날 군국주의를 규정짓는 이러한 특성을 가장 잘 드러내는 것은, 첫째로 군국주의가 모든 나라에서 경쟁적으로, 마치 내적이고 기계적인 추동력에 의한 듯이 증가하고 있다는 것인데, 이 현상은 몇십 년 전만 해도 전혀 알려지지 않았다. 또한 비록 동기, 즉 가장 우선적으로 관련된 나라들, 투쟁 대상 그리고 모든 자세한 사정이 불확실하다고 할지라도, 다가오는 폭발은 피할 수 없으며, 숙명적 군국주의는 자본주의 발전의 동력Motor[92]에서, {이제} 자본주의의 병리 현상이 되었다.

사회 발전과 지배 계급의 이해관계가 충돌하는 상황에서, 국가는 후자의 입장을 취한다. 국가는 그 정책에서 부르주아와 마찬가지로 사회 발전과 갈등에 빠지며 그리하여 점점 더 전체 사회의 대표자로서의 성격을 상실하고, 그에 따라 점점 더 순수 계급 국가가 된다. 아니면 더 정확하게 말해 국가의 이 두 가지 속성은 서로 분열되어 있어서 국가의 존재 내부에서 모순은 깊어진다. 그리고 실로 이 모순은 나날이 첨예해진다. 한편으로는 일반적 성격을 지닌 국가의 기능, 즉 사회생활에 국가가 개입하는, 국가가 사회를 '통제'하는 일이 많아지기 때문이고, 다른 한편으로 국가의 계급적 성격은 점점 더 국가로 하여금 국가 활동의 중심과 권력 수단을 오로지 부르주아의 계급 이해를 위해 사용할 뿐이며, 사회 전체에 대해서는 부정적인 의미만을 지닌 영역——군국주의, 관세정책, 식민정책과 같은——에 두도록 강요한다. 게다가 이런 상황에서, 국가의 '사회적 통제'에도 역시 점점 더 계급적 성격이 침투하고 지배하게 된다(〔영국을 제외한〕 모든 나라에서 노동자 보호법이 어떻게 시행되고 있는지 보라).

국가 존재에 관하여 위에서 언급한 변화는, 베른슈타인이 언제나 사회주의를 점진적으로 도입하기 위한 수단으로 보는 민주주의의 발전과 모순되는 것이 아니라 반대로 완전히 부합한다.

슈미트는 의회에서 사회민주주의가 다수를 획득하는 것은 더구나 이러한 사회의 점진적 사회화Sozialisierung에 이르는 직접적인 길임이 틀림없다고 설명한다. 정치 생활의 민주주의적 형태는 의심의 여지 없이, 국가가 사회로 발전하고 있음을 가장 강력하게 보여주는 현상이며 그런 점에서 사회주의의 변혁을 향한 한 단계가 되는 현상이다. 그러나 우리가 위에서 특징지었던 자본주의 국가의 본질 속에 있는 모순은 현대 민주주의에서[93] 더욱 날카롭게 드러난다. 분명 민주주의[94]의 형식은 전체 사회의 이해관계를 국가 조직 속에 표현하는 데 기여한다. 그러나 반면에, 그것은 여전히 단지 자본주의 사회, 즉 자본가의 이해관계가 결정적으로 지배하고, 그 이해를 표현하는 사회이다.[95] 따라서 형태에 있어서는 민주주의적인 제도일지라도, 내용에서는 지배계급의 도구가 된다. 이러한 점은 다음과 같은 사실에서 명백히 드러난다. 즉 민주주의가 자신의 계급적 성격을 부정하고 실질적으로 민중의 이해관계를 위한 도구로 변화되는 경향을 지니자마자, 민주주의적인 형식 자체도 부르주아와 그들의 국가기구의 대변자에 의해 희생된다는 것이다. 의회주의의 다수 획득에 관한 사회민주주의 관념은 이 문제에 관해,[96] 단지 민주주의의 형식적인 측면만을 고려할 뿐, 다른 측면인 실질적 내용은 고려하지 않은 하나의 추측으로 보인다. 또한 민주주의[97]는 총체적으로 베른슈타인이 가정하듯이 자본주의 사회에 점차 번지는 직접적인 사회주의 요소가 아니라, 반대로 자본주의의 적대를 성숙시키고 발전시키는, 자본주의 특유의 수단[98]이다.

이러한 국가의 객관적 발전을 살펴볼 때, '사회적 통제'를 늘임으로써 사회주의를 직접 실현한다는 것에 대한 베른슈타인과 슈미트의 말은 나날이 더욱 현실과 모순되는 상투어가 되어간다.

점진적으로 사회주의를 도입하는 것에 관한 이론은 (사회주의 질서라는 방향으로의) 자본주의 소유와 자본주의 국가의 점진적 개혁(이라는 주장)에 이른다. 그러나 이 양자는 현재 사회의 객관적 경과 속에서 정반대되는 방향으로 발전하고 있다. 생산 과정은 점점 더 사회화되고 있으며, (국가의) 개입, 즉 이 생산 과정에 대한 국가의 통제는 더욱 확대되고 있다. 그러나 동시에, (자본주의적) 사적 소유는 점점 더 폐쇄적이고 침해할 수 없는 것이 되며,[99] 국가의 통제는 점점 더 배타적 계급 이해에 의해 침윤되고 있다. 따라서 (자본주의) 발전과 함께 국가, 즉 정치 조직과 소유 관계, 즉 자본주의의 법적 조직이 점점 더 사회주의적인 것이 아니라 자본주의적인 것이 되어가는 한, 이것은 사회주의를 점진적으로 도입한다는 것에 관한 이론에서 극복할 수 없는 두 가지 한계가 될 것이다.

팔랑스테르Phalanstère[100] 체제를 건설함으로써 지구상의 바닷물을 모두 레모네이드로 바꾸겠다는 푸리에Charles Fourier의 생각은 매우 공상적이다. 그러나 쓰디쓴 자본주의의 바다에 사회개량주의의 레모네이드 몇 병을 넣어 이 자본주의의 바다를 사회주의의 단물로 바꾸겠다는 베른슈타인의 생각은, 더욱 어리석은 것이며 머리카락 한 올만큼도 덜 공상적이지 않다.

자본주의 사회의 생산 관계는 점점 더 사회주의적인 것에 접근한다. 그러나 이에 반해 자본주의 사회의 정치적·법적 관계는 자본주의 사회와 사회주의 사회 사이에 더 높은 벽을 세운다. 이 벽은 사회 개량이 진전됨으로써도 그리고 민주주의의 발전을 통해서도 약화될 수 없으며 반대로 더욱 강화되고 높아질[101] 뿐이다. 따라서 이 벽을 무너뜨리는 것은 오로지 혁명의 망치질, 즉 프롤레타리아가 정치 권력을 장악하는 것뿐이다.

5. 이론[102]의 실천적 결과와 일반적 성격

첫 부분[103]에서 우리는 베른슈타인의 이론이 사회주의 강령을 물질적 기반에서 멀리 끌어낸 대신 관념적 기초로 옮겨 놓은 이론임을 보여주고자 했다. 이것은 이론적 기초에 관한 문제였다. 그러나 그 이론이 실천에 적용되면 어떤 모습으로 나타날까? 우선 형식적으로 {베른슈타인의} 이론은 이제까지의 통상적인 사회민주주의 투쟁과 전혀 구별되지 않는다. 노동조합, 사회 개혁과 정치제도의 민주화를 위한 투쟁——이것이 바로 사회민주당의 활동[104] 내용이다. 차이는 {이론을 구성하는} 항목Was에 있는 것이 아니라 방법Wie에 있다. 실제로 현재 노동조합의 투쟁과 의회주의의 투쟁은, 프롤레타리아를 점진적으로 정치권력의 장으로 인도하고 교육시키는 수단으로 간주된다. 베른슈타인의[105] 관점에 따르면, 정치권력을 장악하는 것은 불가능하고 쓸모없는 것이기 때문에, 노동조합의 투쟁과 의회주의의 투쟁은 단지 직접적인 결과, 즉 노동자의 물질적 상태를 개선하고 자본주의의 착취를 점진적으로 제한하며 노동조합의 통제를 확대한다는 관점에서 행해져야만 한다. 우리가 노동자 상태를 직접적으로 개선한다는 목적을 {논의에서} 제외한다면——왜냐하면 이 목적이란 이제까지 당내의 통상적인 견해와 베른슈타인의[106] 견해에서 공통된 두 가지이기 때문에——전체 차이는 간단히 다음과 같다. 즉 통상적인 관점에 따르면, 노동조합의 투쟁과 정치 투쟁의 사회주의적 의미는 그 투쟁이 사회주의 변혁의 주관적 요소인 프롤레타리아를 사회주의를 실현하기 위해 준비시킨다는 것이다. 베른슈타인에 따르면, 노동조합의 투쟁과 정치 투쟁의 사회주의적 의미는, 그 투쟁이 자본주의의 착취 자체를 점차 제한하고, 자본주의 사회에서 자본주의적 성격을 더욱 빼앗는 대신 사회주의 성격을 각인시킨다는 것, 즉 한마디로 말해 객관적 의미에서 사회주의적 변혁을 가져온다는 것이다. 당내 통상적인 견해에서는, 노동조합의 투쟁과 정치 투쟁을 통해서는 자신의 상태를 근본적으로[107] 개선하는 것[108]이 불가능하다는 확신, 따라서 정치권력을 최종적으로 장악해야만 한다는 확신으로 프롤레타리아를 이끈다.[109] 베른슈타인의 견해는, 정치권력을 장악하는 것이 불가능하다고 전제함으로써, 결국 오로지 노동조합 투쟁과 정치 투쟁을 통해서만 사회주의 질서를 이룰 수 있다는 결론에 이른다.

따라서 베른슈타인은 노동조합 투쟁과 의회주의 투쟁의 사회주의적 성격은 자본주의 경제에서 이루어지는 점진적인 사회주의 실현에 대한 믿음이라고 생각한다. 그러나 그러한 실현이란 우리가 설명하려고 했던 것처럼 사실상 순전히 상상[110]일 뿐이다. 자본주의의 소유 제도와 국가 제도는 정반대의 방향으로 발전한다. 그러나 이와 함께, 사회민주주의의 실천적인 일상활동은 사회주의와의 관련성을 궁극적으로 상실한다. 노동조합 투쟁과 정치 투쟁이 갖는 커다란 사회주의적 의미는, 그것이 노동자 계급의 인식과 의식을 사회화한다sozialisieren[111]는 것이다. 만일 우리가 이러한 투쟁을 자본주의 경제의 직접적인 사회화[를 보여주는 증거]로 간주한다면, 그러한 투쟁은 자체에 포함되어 있는 것으로 추정할 수 있는 영향력을 잃어버릴 뿐만 아니라, 또한 동시에 다른 〔고유하게 가능한 사회적〕 의미도 잃어버리게 될 것이다. 즉 프롤레타리아 혁명[112]을 위해 노동자 계급을 교육시키는 수 단으로서의 의미를 상실할 것이다.

따라서 베른슈타인과 슈미트가 이러한 식의 모든 단계는 그 자체를 넘어서 진전하며 사회주의 목표는 이러한 운동 자체에 경향으로 내재되어 있기 때문에, 투쟁을 사회 개혁과 노동조합으로 대체[113]해도 노동운동은 여전히 최종 목표를 상실하지 않는다는 생각에 자족한다면, 이것은 완전히 오해 다. 길을 인도하는 별처럼 정치권력을 장악하기 위한 의식적 이고 확고한 노력이 노동조합 투쟁과 사회 개혁 투쟁에 선행 한다면, 이것은 완전히 현재 독일 사회민주주의의 전술에 해 당하는 것이다. 그러나 이 선행되어야 할 노력을 운동에서 단절시키고 그리하여 사회 개혁을 목표 자체로 먼저 설정한 다면, 그러한 사회 개혁은 〔실질적으로〕 사회주의의 최종 목 표를 실현하기 위해 나아가지 못할 뿐만 아니라, 오히려 정 반대의 방향으로 우리를 이끌 것이다. 슈미트는, 일단 진행 되기 시작하면 스스로 결코 멈추지 않는, 단순히 기계적 운 동에 그리고 실로 다음과 같은 단순한 믿음에 의지한다. 즉 먹는 과정에서 식욕이 늘어나며, 노동자 계급은 사회주의의 변혁이 완성되지 않는 한 결코 개혁에 자족하지 않는다는 것 이다. 마지막 전제〔즉 사회주의적 변혁이 완성되지 않는 한〕

는 실로 옳다. 그리고 자본주의 사회 개혁의 불충분성은 이를 보증하는 것이다. 그러나 여기에서 끌어낸 결론(즉 결코 개혁에 자족하지 않는다는 것)은, 단지 현재[114]에서 직접 사회주의 (질서)로 계속 이어지며 끊임없이 강화되는 사회 개혁의 연속된 사슬이 창출될 수 있는 경우에만, 사실이 될 수 있을 뿐이라는 것이다. 그러나 이렇게 된다고 하는 것은 공상이다. 사물의 본질상, 사슬은 금방 끊어지며, 이 시점에서부터 운동이 취하는 노선은 여러 갈래로 갈라진다.

그리하여 바로 그다음의 가장 개연성 있는 결과는, 온갖 수단을 다해 투쟁의 실제 결과, 즉 사회 개혁을 가능하게 하는 방향으로 전술을 옮기는 것이다. 직접적인 실제 결과가 가장 중요한 목적이 되자마자, 화해를 거부하는 날카로운 계급 관점——단지 정치권력을 장악하고자 한다는 관점에서만 의미가 있는——은 점점 더 부정적인 장애물이 된다. 따라서 (여기에서 나오는) 직접적인 노선은, 보상 정책[115]과 유화적인,[116] 정치가의 기민한 태도다. 그러나 이러한 상황에서 운동은 언제까지나 균형을 유지하면서 지속될 수는 없다.[117] 왜냐하면 자본주의 세계에서 이제껏 사회 개혁은 어떤 전술을 사용했다 하더라도, 그 결실은 공허했고 앞으로도 계속 그럴 것이기 때문에, 다음에 이어질 논리적인 결과는 사회 개혁에 대한 환멸이다. 다시 말해 그것은 사회 개혁주의의 늪 속에서 세계 각지를 돌아다니다 결국 모든 것을 신(神)의의사에 맡겨버린[118] 슈몰러Gustav Schmoller와 그의 동료들[119]이 닻을 내린 고요한 항구인 것이다.[120] 따라서 사회주의는 결코 노동자 계급의 일상 투쟁에 경향으로 내재하는 것이 아니다. 오로지 사회주의는 한편으로 더욱더 첨예화되는 자본주의 경제의 객관적 모순과, 다른 한편으로 사회변혁을 통한 자본주의 경제의 철폐는 절대로 포기될 수 없는 목표라는 노동자 계급의 주관적 인식에 내재할 뿐이다.[121] 만일 베른슈타인이 자신의 이론에서 그렇게 한 것처럼,[122] 첫 번째 조건을 부정하고 두 번째 조건을 배격한다면, 운동[123]은 머지않아 단순히 동업조합 운동이나 사회 개혁 운동으로 축소될 것이며 결국 마치 무엇이 끌어당기기라도 하듯이 계급의 관점을 포기하는 것으로 이어질 것이다.

우리가 베른슈타인의 이론[124]을 다른 측면에서 고찰하고 이러한 관점의 일반적 성격은 무엇인가라는 질문을 던져본다면, 위에서 언급한 결과는 분명하다. 베른슈타인이[125] 자본주의 관계의 토대를 특별히 옹호하고 있는 것은 아니며, 부르주아 경제학자와 어울려서 자본주의의 모순을 부정하는 것이 아니라는 것은 분명하다. 오히려 베른슈타인은 마르크스의 견해처럼 {이론의} 전제로서 이러한 모순의 존재에서 출발한다. 그러나 반면——이 점은 베른슈타인의 설명[126]의 핵심이자, 이제까지 통상적인 사회민주주의적 관점과 그의 관점 간의 근본적 차이인데—— 그의 이론의 근거는 다른 사회민주주의의 이론적 근거처럼 자본주의가 그 내적 필연성에 따라 발전함으로써 이 모순이 지양된다는 것에 놓여 있지 않다.

베른슈타인의 이론은 양 극단 사이의 중간에 놓여 있다. 그는, 그[127] 모순이 완전한 성숙에 이르게 해서 혁명적 변혁을 통해 그 {모순의} 정점에서 '지양되기를'[128] 원하지 않는다. 대신 그는 그 모순이 정점에 이르지 않고 완화되기를 원한다. 따라서 [베른슈타인에 따르면,] 위기가 없는 것과 기업가 조직 형성은 생산과 교환 사이의 모순을 완화시키며, 프롤레타리아의 상태를 개선하고 중산계층을 지속적으로 유지하는 것은 자본과 노동의 모순을 완화시키고, 늘어난 통제와 민주주의는 계급국가와 사회 사이의 모순을 완화시킨다.

물론 통상적인 사회민주주의의 전술은 자본주의 모순의 발전이 극도의 정점에 이를 때까지 기다리고, 그때에야 비로소 전복을 시도한다는 기다림이 아니다. 반대로 단지 우리는, 이미 주어진[129] 발전 방향에 의지해, 정치투쟁에서 그것의 결과를 극단으로 추진할 뿐이다. [우리는 그 결과를 예상한다. 말하자면 우리는 더욱 진전된 객관적 발전을 미리 참작하고, 언제나 기초 위에서 모순이 완전히 성숙하기를 기대한다.] 여기에 모든 혁명 전술의 핵심이 있다. 따라서 사회민주주의는 예를 들면, 보호관세와 군국주의가 자본주의의 발전에 있어서 혁명적 역할을 하는 경우에도 보호관세나 군국주의 등과 투쟁한다.[130] 그러나 베른슈타인은 자신의 전술에서 자본주의의 모순이 진전되는 것 또는 첨예화에 의존하는 것이 아니라, 그 모순이 완화되는 데 의존한다. 그는 자본주의 경제의 '적응'에 관해 말할 때 가장 적절하게 이 점을 보여주었다. 그러한 관념은 언제 정당한가? 오늘날 사회의 모순은 모두 순전히 자본주의 생산양식의 결과이다. 오늘날 이미 주어져 있는 방향으로 이 생산양식이 더욱 발전한다고 가정한다면, 이와 분리할 수 없는 모든 결과들도 더욱 발전해, 모순이 완화되는 것이 아니라 더욱 첨예화되고 심화될 것이다. 따라서 전자(즉 모순이 완화되는 것)는 반대로, 자본주의 생산양식 자체의 발전이 저지된다는 것을 전제로 가정하는 것이다. 한마디로 말해 베른슈타인 이론의 일반적 전제는, 바로 자본주의 발전의 정지다.

그러나 이런 식으로, 이 이론은 필연적으로 두 가지 양상으로 귀결된다. 그 이론은 사회주의적 최종 목표와 관련하여 단지 그것의 유토피아적 성격만 드러낼 뿐이다. 퇴락하는 자본주의 발전이 사회주의의 변혁을 이끌 수 없다는 것은 처음부터 분명한 것이다. 그리고 여기에 그 이론의 실천적 결과에 대해 우리가 제시한 것이 옳았음을 보여주는 확증이 있다. 둘째로 그 이론은, 자본주의의 급속한 실제 발전에 비추어볼 때 그것의 반동적 성격을 드러낸다. 이제 다음의 질문이 자꾸 떠오를 뿐이다. 즉 실제 자본주의의 발전에 비추어

볼 때, 베른슈타인의 사고방식은 어떻게 설명되고 그 특징은 무엇인가?

베른슈타인이 오늘날 사회관계에 대한 자신의 분석에서 출발점으로 삼고 있는 경제적 전제—— 즉 그의 자본주의 '적응' 이론—— 는 전혀 근거가 없는 것임을 앞 장에서 이미 살펴보았다. 신용 체제나 카르텔이 자본주의 경제의 '적응 수단'이 될 수 없고 위기[131] 부재나 중산계층의 지속이 자본주의의 적응을 보여주는 징후로 파악될 수 없음을 이미 말했다. 그러나 그 근거 없음은 차치하고라도, 위에서 말한 적응 이론의 모든 세부 사항에는 공통된 한 가지 특성이 있다. 이 이론은 경제적 생활의 논의 대상을 모두 전체 자본주의 발전의 유기적 부분, 그리고 전체 경제 메커니즘과의 관련성 속에서가 아니라, 이러한 연관에서 분리시켜 마치 그것이 독자적인 존재인 것처럼, 생명 없는 기계의 분산된 부분으로 파악한다. 예를 들어 신용의 적응 효과에 관한 견해도 그러하다. 만일 신용을 교환의 자연 발생적인 더 높은 단계로 또 자본주의의 교환에 내재된 모든 모순과 관련시켜 고찰한다면, 우리는 화폐 자체와 상품과 자본을 자본주의의 '적응 수단'으로 간주하지 않듯이, 신용에서 동시에 교환 과정에 속하지 않는 '적응 수단'을 찾아낸다는 것은 불가능하다. 그러나 신용은 화폐, 상품, 자본과 조금도 다르지 않은 자본주의 발전의 특정 단계에서 자본주의 경제의 유기적 부분이다. 그리고 이 단계에서 신용은 다시금 화폐, 상품, 자본과 마찬가지로, 자본주의라는 톱니바퀴장치를 구성하는 데 없어서는 안 될 한 부분이며, 또한 동시에 그것이 자본주의의 내적인 모순을 커지게 하고 재생산한다는 점에서 자본주의를 파괴하는 도구이기도 하다.

위에서 설명한 똑같은 특징이 카르텔이나 완벽한 커뮤니케이션 수단에도 해당된다.

기계적이고 비변증법적인 같은 관점은 더욱이 베른슈타인이 위기의 부재를 자본주의 경제의 '적응' 징후로 간주하는 방식에도 있다. 베른슈타인은 위기는 단순히 경제 메커니즘이 교란된 상태이며 따라서 이것이 종식되면 그 메커니즘은 순조롭게 작동할 것이 분명하다고 본다. 그러나 사실상 위기는 그 말의 고유한 의미로 본다면 '교란'이 아니다. 아니 위기는, 자본주의 경제 전체가 제대로 영위하는 데 꼭 필요한 교란이다. 위기, 간단히 말해 생산력의 무한한 발전 능력과 가치 저하의 협소한 한계[132] 사이의 갈등을 해소하는, 자본주의의 토대 위에서 유일하게 가능하고 따라서 완전히 정상적인 주기적 해결책이라는 것이 사실이라면, 위기는 역시 전체 자본주의 경제와 분리할 수 없는 자본주의 경제의 유기적 현상이다.

오히려 '교란 없는' 자본주의 생산이 발전하는 가운데, 자본주의 생산에 대한 위험, 위기 자체보다도 더 큰 위험이 도

사리고 있다. 즉 이것은 생산과 교환의 모순에서 나오는 것이 아니라, 노동생산성 자체가 발전함으로써 항상 이윤율이 하락하는 것이며, 이것은 모든 중소 자본의 생산을 불가능하게 만들어 새로운 자본을 형성하고 계속 투자하는 데 한계를 부여하는 가장 위험한 경향을 낳는다. 바로 이 위기는 같은 과정에서 다른 결과로 나타난다. 위기는 주기적인 자본의 가치 저하와 생산수단의 가치 하락을 통해, 활동 자본 일부를 마비시킴으로써 동시에 이윤을 상승시키며, 그리하여 새로운 투자와 생산 발전을 위한 공간[133]을 창출한다. 따라서 위기는 자본주의 발전의 불을 다시 타오르게 하는 수단으로 나타난다. 그리고 위기의 종식――우리가 가정하듯이 세계시장 발전의 특정 단계[134]에서의 종식이 아니라, 완전한 종식――은 자본주의 경제를 베른슈타인이 생각하듯이 탄탄대로에 올려놓는 것이 아니라 늪에 빠지게 할 것이다. 전체 적응 이론의 특징인 기계적 사고방식으로, 베른슈타인은 위기의 긍정적 의미뿐만 아니라, 자본의 탈집중화 경향도[135] 고려하지 않고 있다. 왜냐하면 그에게 소자본이 끊임없이 다시 나타나는 것은 자본주의의 정체를 보여주는 징후로――실제로는 정상적인 자본주의 발전을 보여주는 징후임에도 불구하고――여겨지기 때문이다.

물론 위에서 살펴본 현상이 모두 실제로 적응 이론[136]에서 제시하는 바와 같아 보이게 하는 하나의 관점은 존재한다.

즉 그것은 개별 자본가의 관점으로, 이 관점에서는 경제생활의 사실들은 경쟁법칙을 통해 왜곡된 채 의식에 나타난다. 개별 자본가는 무엇보다도 먼저, 실질적으로 전체 경제의 유기적 부분을 각각 그 자체로 독립된 전체로 본다. 나아가 개별 자본가는 오로지 그것들이 그에게 작용하는 측면에서만 그것들을 파악한다. 따라서 그는 그것들을 '교란'이거나 '적응 수단'으로 간주할 뿐이다. 개별 자본가에게 위기란 실질적으로 단순한 교란이며, 위기의 종식은 그에게 좀 더 긴 생존 기간을 부여한다. 마찬가지로 신용은 개별 자본가에게 자신의 불충분한 생산력을 시장의 요구에 '적응시키는' 수단이다. 또한 개별 자본가에게 자신이 가입한 카르텔은 생산의 무정부성을 실제로 제거하는 것처럼 보인다.

한마디로 베른슈타인의 적응 이론은 개별 자본가의 사고 방식을 이론적으로 일반화한 것일 뿐이다. 그러나 이론적으로 표현할 때 이 이론은 부르주아 속류 경제학Vulgärökonomie의 본질이고 특징적인 표현일 뿐이지 않은가? 이 학파의 모든 경제적 오류의 근거는 바로 개별 자본가의 눈을 통해 본 경쟁이라는 현상을 자본주의 경제 전체의 현상으로 간주하고 있다는 것이다. 또한 베른슈타인이 신용에 대해 생각하는 것과 같은 방식으로 이 속류 경제학 역시, 예를 들어 화폐를 교환하고자 하는 욕구를 위한 기민한 '적응 수단'으로 파악한다. 또한 속류 경제학은 자본주의 현상 속에서, 자본주의의 해악을 치유하는 해독제를 찾는다. 베른슈타인처럼 속류 경제학은 자본주의 경제의 규제 가능성을 믿는다. 그리고 마지막으로 속류 경제학도 베른슈타인식의 이론처럼 항상 자본주의 모순이 완화되고 자본주의의 상처를 치유할 수 있다는 믿음으로, 다른 말로 하면 혁명적인 자세가 아니라 반동적인 자세로 진행된다. 따라서 그것은 결국 유토피아로 귀결된다.

따라서 전체적으로 고찰하면 베른슈타인의[137] 이론을 다음과 같이 말할 수 있다. 즉 그것은 자본주의의 퇴락에 관한 속류 경제학 이론에 기초한, 사회주의의 퇴락에 관한 이론이다.

제2부[138]

1. 경제 발전과 사회주의

프롤레타리아 계급투쟁이 발전하는 가운데 이룩한 가장 커다란 성과는 사회주의를 실현하기 위한 토대를 자본주의 사회의 경제 관계에서 발견한 것이다. 이를 통해 사회주의는 수천 년 동안 인류의 눈앞에 아른거린 하나의 '이상'에서 역사적인 필연성이 되었다.

베른슈타인은 오늘날의 사회에서 이처럼 사회주의를 실현할 수 있는 경제적 전제가 존재한다는 것에 이의를 제기한다. 베른슈타인은 이러한 자신의 주장을 입증하는 과정에서 흥미로운 {논의의} 발전 과정을 거친다. 처음에 그는 《새로운 시대》에서 1895년과 1882년 독일 산업 통계의 결과들을 비교하면서 산업이 급격하게 집중화되고 있다는 것만을 부인한다. 여기에서 그는 산업 통계의 결과를 완전히 개략적이고 기계적인 방법으로 자신의 목적에 맞게 이용하면서 빠져나

갈 방도를 마련한다. 그러나 이 통계가 자신의 주장을 가장 잘 입증하는 것처럼 보이는 경우에도, 베른슈타인은 중간 규모의 기업이 끈질기게 존속하고 있다는 지적으로 마르크스의 이론에 조금의 타격도 가할 수 없었다. 왜냐하면 마르크스의 이론은 산업 집중의 특정한 속도, 즉 사회주의라는 최종 목표를 실현하는 데 요구되는 어떤 일정한 기한을 전제하고 있지 않으며, 이미 보았듯이[17쪽에서][139] 소규모 자본들의 절대적인 소멸 내지는 소부르주아 계급의 소멸을 사회주의의 실현을 위한 조건으로 전제하고 있지 않기 때문이다.

자신의 입장을 계속 발전시키는 가운데 베른슈타인은 이제 자신의 책에서 새로운 증거자료, 특히 주식회사에 관한 통계를 제시한다. 이 통계에 따르면 주식 소유자의 수가 계속 증가하고 있다고 한다. 다시 말해 자본가 계급은 줄어드는 것이 아니라, 오히려 반대로 계속 늘어나고 있다는 것을 통계에서 볼 수 있다고 한다. 베른슈타인이 기존의 자료에 관해 거의 알고 있지 못하며, 자료를 자신에게 유리하게 사용할 줄 모르는 것에 그저 놀랄 수밖에 없다!

그가 주식회사를 통해 산업 발전에 관한 마르크스의 법칙에 반대되는 무엇인가를 증명하고자 했다면, 그는 완전히 다른 통계를 제시해야만 했다. 즉 독일에서 주식회사의 설립 역사를 알고 있는 사람이라면 누구나 주식회사를 설립하는 데 있어서 한 기업에 평균적으로 필요한 설립 자본이 거의 규칙적으로 줄어들었다는 것을 알고 있다. 그래서 1871년 이전에는 약 1,080만 마르크였던 자본이 1871년에는 401만 마르크, 1873년에는 380만 마르크, 1883~1887년에는 100만 마르크 미만이었으며, 1891년에는 56만 마르크, 1892년에는 62만 마르크였다. 그 이후 약 100만 마르크 선에서 오르락내리락하는데, 특히 1895년에는 다시 178만 마르크로 올랐다가 1897년 전반기에 119만 마르크로 떨어졌다.[140]

참으로 놀라운 숫자다! 아마도 베른슈타인은 이러한 숫자에 근거해 대기업들이 다시 소기업으로 전환된다는 식의, 마르크스 이론과는 완전히 반대되는 경향에 관해 이야기할지 모르겠다. 그러나 이 경우 누구든지 베른슈타인을 다음과 같이 반박할 수 있다. 즉 당신이 이러한 통계를 가지고 무엇인가를 증명하고자 한다면, 우선 당신은 이 통계가 같은 산업 영역에 관한 통계임을 증명해야 한다. 그리고 더 작은 규모의 기업들이 지금까지 존재하지 않았던[141] 산업 영역이나 수공업, 영세기업만 있던 영역에서가 아니라, 이제 과거의 대기업을 대신해서 나타나고 있다는 점을 증명해야만 한다. 그러나 당신은 이것을 증명할 수 없을 것이다. 왜냐하면 주식회사를 설립할 때 그 규모가 대규모에서 중소 규모로 바뀌는 것은 오로지 주식이 계속 새로운 영역으로 파고들고 있다는 것, 또 처음에는 주식이 소수 거대 기업에만 적합했을지라도 이제는 중간 규모의 기업, 때로는 소기업에도 점차 적합해지고 있다는 사실을 통해서만 설명될 수 있기 때문이다. (주식 회사를 설립하는 데 필요한 자본은 1,000마르크까지 하락할 것이다!)

그러나 주식이 계속 확대된다는 것은 경제적으로 무엇을 의미하는가? 그것은 자본주의 형태에서 생산이 계속적으로 사회화Vergesellschaftung되고 있다는 것, 즉 대규모 생산뿐만 아니라 중간 규모의 생산, 심지어 소규모 생산까지도 사회화 되고 있음을 의미한다. 따라서 주식이 계속 확대되고 있다는 것은 마르크스의 이론에 반대되는 어떤 것을 증명하는 것이 아니라, 오히려 마르크스의 이론을 더 이상 생각할 수 없을 정도로 가장 찬란하게 입증하는 셈이다.

실제로 그렇다! 주식회사 설립과 함께 나타나는 경제 현상은 무엇인가? 한편으로는 다수의 소규모 화폐 자산이 하나의 생산 자본으로, 즉 하나의 경제 단위로 통합되는 것이고, 다른 한편으로는 생산이 자본 소유와 분리된다는 것, 곧 자본주의의 생산양식이——여전히 자본주의의 토대 위에 서——{자신의 한계를} 이중으로 극복한다는 점이다. 이러한 경제 현상에 비추어볼 때, 베른슈타인이 제시하는 통계, 한 기업에 다수의 주주(株主)가 참여하고 있음을 보여주는 통계 는 어떤 의미를 가지는가? 그것은 하나의 자본주의 기업이 이제는 과거처럼 자본가 한 사람의 소유가 아니라 다수의 자 본가, 점점 더 많은 다수의 자본가의 소유에 적합해짐을 의미할 뿐이다. 이와 함께 '자본가'라는 경제적 개념은 더 이상 '인간'[142]과 일치하지 않으며, 또 오늘날의[143] 자본가는 수백 또는 수천의 사람들로 구성된 하나의 집합적인 인격이며, '자본가'라는 범주는 그 자체로 자본주의 경제의 틀에서 사회적인 범주가 되었다. 다시 말해 '자본가'라는 범주가 사회화되었다.

그러나 베른슈타인이 주식회사라는 현상을 자본의 통합으로 파악하는 것이 아니라 정확히 바로 그 반대인 자본의 해체[144]로 파악하고, 또 마르크스가 '자본 소유의 지양'을 보았던 곳에서 자본 소유의 확대를 보는 것은 어떻게 설명할 수 있을까? 이것은 아주 단순한 속류 경제학의 오류 때문인데, 베른슈타인은 자본가를 생산 범주가 아니라 소유권 범주로, 경제 단위가 아니라 조세정책 단위로 이해하고, 동시에 자본을 생산 총체가 아니라 화폐 자산으로만 이해하기 때문이다. 따라서 그는 자신이 예로 들고 있는 영국의 면사 산업 트러스트에서 12,300명으로 구성된 한 사람의 자본가가 아니라, 모두 12,300명의 자본가들을 본다. 따라서 기술자 슐체는 그의 부인이 가지고 온 지참금으로 연금 생활자인 뮐러에게서 더 많은 주식을 얻게 되는데(54쪽),[145] 베른슈타인이 보기에 슐체 역시 자본가이며 따라서 베른슈타인에게는 온 세상이 '자본가들'로 우글거린다.[146]

다른 곳에서도 그렇지만 여기에서도, 속류 경제학의 오류가 나타나는데, 이것은 베른슈타인에게는 오로지 사회주의를 천박하게 만들기 위한 이론의 기초가 되고 있다. 그는 자본가라는 개념을 생산관계에서 소유관계로 옮겨놓고 '기업 대신에 인간을 말하고'(53쪽), 또 사회주의의 문제를 생산 영역에서 재산 관계 영역으로, 다시 말하면 자본과 노동의 관계에서 빈부의 관계로 옮겨놓고 있다.

그와 함께 우리는 행복하게도 마르크스와 엥겔스를 떠나 가난한 죄인들에게 복음을 설파하는 자에게 귀의하게 된다. 이 복음 설파자(베른슈타인을 말한다—옮긴이주)가 바이틀링 Wilhelm Weitling[147]과 차이가 있다면, 바이틀링이 진실한 프롤레타리아의 본능으로 바로 이처럼 빈부가 대립하는 상황에서 계급 대립의 원초적인 형태를 인식하고 계급 대립을 사회주의 운동의 지렛대로 삼고자 했다면, 이에 반해 베른슈타인은 가난한 자들을 부자로 바꿈으로써, 즉 계급 대립을 소멸시킴으로써, 다시 말해 소부르주아적인 방법에서 사회주의에 대한 희망을 본다는 점뿐이다.

물론 베른슈타인은 소득에 관한 통계에만 한정하지 않고, 여러 나라의 기업체에 관한 통계, 특히 독일, 프랑스, 영국, 스위스, 오스트리아 그리고 미국의 기업체에 관한 통계를 제시한다. 그러나 이것은 어떤 종류의 통계인가? 그것은 각 나라에서의 서로 다른 시점들을 비교하는 것이 아니라, 각각 하나의 시점에서 여러 나라를 비교하는 자료다. 다시 말해 베른슈타인은——독일만은 예외적으로 1882년과 1895년을 대조하고 있는데, 이것은 그가 이전에 했던 것을 다시 되풀이해서 보여주는 것이다——한 나라의 기업체가 배열되어 있는 상태를 여러 시점에서 비교하는 것이 아니라 여러 국가에 관한 절대 수치만을 비교하고 있을 뿐이다(영국의 경우 1891년, 프랑스는 1894년, 미국은 1890년 등). 이와 함께 베른슈타인이 도달한 결론은, "비록 오늘날 대기업이 산업에서 사실상 지배적인 위치를 차지하고 있지만, 프로이센 같은 선진국의 경우에, 대기업은 자신에게 종속되어 있는 기업들을 계산에 넣어도, 기껏해야 생산에 종사하고 있는 인구의 반을 대변할 뿐이며", 독일 전체, 영국, 벨기에 등에서도 사정은 이와 비슷하다는 것이다(84쪽).

이런 식으로 베른슈타인은 분명 어떤 경제 발전 경향이 아니라 단지 서로 다른 기업 형태들 또는 서로 다른 직업 종류들 간의 절대적인 세력 관계를 증명하고자 한다. 이로써 사회주의가 불가능하다는 것이 증명된다면, 이러한 증명 방식은 투쟁하는 사람들의 숫자와 물리적인 세력 관계, 즉 힘이라는 단순한 요소가 사회적 노력의 성패를 결정한다는 이론에 근거를 두고 있다. 블랑키주의Blanquismus의 기미를 어디에서든 민감하게 알아채는 베른슈타인이 여기에서는 반대로 바로 가장 조잡한 블랑키주의적인 오류에 빠지고 있다. 그러나 블랑키주의와 베른슈타인 사이에는 차이가 있다. 사회주의 혁명 노선 중의 하나인 블랑키주의자들은 사회주의 경제의 실행 가능성을 자명한 것으로 전제하고, 더구나 이에 기초해서 규모가 작은 소수에 의한 폭력 혁명의 가능성을 세우고 있다. 반대로 베른슈타인은 인민 다수의 숫자가 불충분하다는 점에서 사회주의 경제가 실현될 가능성이 없다고 추론한다. 사회민주주의는 다수라는 숫자상의 우세 또는 승리를 거둘 수 있는 소수의 폭력이 아니라, 경제적 필연성과 이러한 필연성을 통찰함으로써만 자신의 최종 목적을 이끌어낼 수 있다. 이러한 경제적 필연성은 무엇보다도 자본주의의 무정부성에서 드러나며, 인민 대중으로 하여금 자본주의를 지양하도록 이끈다.

자본주의 경제에서 무정부성이라는 최종적이고 결정적인 문제와 관련하여, 베른슈타인은 대규모의 총체적인 위기는 부정하지만, 국가 차원의 국지적인 위기는 부정하지 않는다. 따라서 그는 단지 상당한 정도의 무정부성을 부정할 뿐, 약간의 무정부성이 존재함은 인정한다. 베른슈타인이 생각하는 자본주의 경제는——언젠가 마르크스가 한번 사용한 표현을 빌리자면——'그저 아주 작은' 아이가 있는 멍청한 처녀와 같다. 무정부성 같은 경우에 문제의 핵심은 그것이 크든 작든 똑같이 좋지 않다는 것이다. 베른슈타인은 약간의 무정부성은 인정하는데, 약간의 무정부성이 바로 상품 경제 자체의 메커니즘을 통해 엄청난 규모로 붕괴될 정도로 커지게 된다. 그러나 베른슈타인은 상품 생산을 동시에 유지하면서 약간의 무정부성이 질서와 조화 속에서 서서히 해체되기를 기대하고, 교환 양식을 생산양식과는 독립적인 것으로 고찰하면서, 다시 부르주아 속류 경제학이 지닌 근본적인 오류들 중 하나에 빠져들고 있다.[148]

정치경제학의 가장 기본적인 원칙들과 관련하여 베른슈타인이 자신의 책에서 분명하게 보여주고 있는 놀랄 만한 혼란을 모두 보여주기에는 지금은 적절한 때가 아니다. 그러나 자본주의의 무정부성이라는 근본적인 문제와 관련된 한 가지 사실은 간략하게나마 해명되어야만 한다.

베른슈타인은 마르크스의 노동가치의 법칙이 단순히 하나의 추상이며, 분명 정치경제학에서 모욕이라고 주장한다. 그러나 노동가치가 하나의 추상에 불과하다면, 다시 말해 "정신의 구상ein Gedankenbild"(44쪽)에 불과하다면, 일반적인 시민 누구라도 마르크스처럼, 자신이 가장 좋아하는 터무니없는 상상을 '정신의 구상'으로 다듬어, 자신만의 가치법칙을 만들 수 있는 권리를 가질 것이다. "뵘-제본스 학파die Böhm-Jevonssche Schule가 상품에서 효용이라는 특성만을 고려하는 것만큼이나, 마르크스는 처음부터 결국 인간의 단순 노동량의 체현물이라는 상품의 특성만을 고려할 뿐이다"(41~42쪽).

따라서 마르크스의 사회적 노동이나 맹어Karl Menger[149]의 추상적 효용이나 그저 추상이라는 점에서는 모두 똑같다는 것이다. 이와 함께 베른슈타인이 완전히 잊고 있는 것은, 마르크스의 추상이 발명이 아니라 발견이라는 것, 다시 말해 마르크스의 머릿속에 존재하는 것이 아니라 상품 경제에 존재하며, 공상적인 현존재가 아니라 현실의 사회적 현존재라는 것, 곧 마르크스적 추상성은 재단되고 무두질되고 무게를 잴 수 있고 또 각인될 수 있는 현실적 존재라는 점이다. 마르크스가 발견한 추상적-인간 노동은 결국 그것이 발전하면 화폐라는 형태를 띨 뿐이다. 이것은 바로 마르크스가 이룩한 가장 천재적인 경제학적 발견 중 하나인데, 그 시초인 중상주의에서 마지막 고전학파에 이르기까지 전체 부르주아 경제학에서 화폐의 신비로운 본질은 이해될 수 없는 것으로 계속 남아 있었다.

이에 반해 뵘-제본스의 추상적 효용은 실제로 그저 하나의 정신의 구상 또는 빈약한 사고의 상징, 개인 차원의 정신의 허약함에서 비롯된 허튼소리이며, 자본주의 사회나 다른 어떤 인간 사회가 아니라, 이러한 정신박약에 대해 오로지 부르주아 속류 경제학만이 유일하게 책임져야 한다. 이러한 '정신의 구상'으로 모든 주관주의 학파와 더불어 베른슈타인, 뵘-제본스가 할 수 있는 것은 이들 없이도 이미 구두 제조공이라면 누구나 알고 있었던 사실, 즉 화폐 또한 '효용 있는' 물건이라는 사실을 밝혔을 뿐 다른 어떤 해결책도 제시하지 못한 채, 20년 동안 여전히 화폐의 신비 앞에 서 있는 것이다.

이와 함께 베른슈타인은 마르크스의 가치법칙을 전혀 이해하지 못했다. 그러나 마르크스의 경제학적 체계를 어느 정도 신뢰하는 사람에게 분명한 것은 가치법칙 없이는 마르크스의 전체 체계가 전혀 이해될 수 없다는 점이다. 좀 더 구체적으로 이야기한다면, 상품의 본질과 교환을 이해하지 못하면, 자본주의 경제 전체와 자본주의적 관계는 분명 비밀로 남게 된다.

그렇다면 바로 이 전체 자본주의 현상들의 가장 내면적인 비밀을 열게 하고, 또 부르주아 고전 경제학파의 가장 위대한 정신인 스미스Adam Smith[150]와 리카도David Ricardo[151]가 그 존재조차 파악할 수 없었던 문제들을 장난하듯이 가볍게 해결할 수 있게 해준 마르크스의 요술 열쇠는 무엇인가? 그것은 바로 전체 자본주의 경제를 역사적 현상으로 파악했다는 점이다. 특히 고전 경제학파가 기껏 이해했던 것처럼 자본주의 경제를 과거로부터 파악하는 것에 그치지 않고 동시에 미래의 관점에서 파악하는 것이었다. 다시 말하면 전체 자본주의 경제를 과거의 자연경제[152]와 관련해서뿐만 아니라, 특히 사회주의의 미래와 관련해서 역사적 현상으로 파악한 것이다. 마르크스의 가치론, 화폐분석, 자본론[153] 그리고 전체 경제학 체계의 비밀은 바로 자본주의 경제의 유한성,

즉 자본주의 경제는 붕괴한다는 것인데, 이것은 다른 측면에서 사회주의라는 최종 목표다. 무엇보다도 마르크스는 사회학자로, 즉 역사적인 관점하에 자본주의 경제를 인식한다는 바로 그 이유 때문에, 마르크스는 자본주의 경제의 암호를 해독할 수 있었으며, 사회주의적인 관점을 부르주아 사회에 대해 과학적으로 분석하는 출발점으로 삼았기 때문에, 반대로 사회주의의 기초를 과학적으로 세울 수 있었다.

이러한 인식에 기초해서 베른슈타인 책의 결론에 있는 주석을 평가할 수 있다. 여기에서 베른슈타인은 '마르크스의 기념비적인 저작 전체를 관통하는' '이원론Dualismus'[154]을 비난하는데, 마르크스의 "이원론은 그 저작이 과학적인 연구임에도 불구하고, 그가 개념화를 시도하기 오래전에 해결된 테제를 증명하고자 한다는 사실, 즉 발전 과정의 결과가 이미 처음부터 확정되어 있는 도식을 바탕으로 한다는 것이다. 여기에서 공산당선언으로의 환원(즉, [여기에서는] 사회주의라는 최종 목표로의 환원!—로자 룩셈부르크)은 마르크스 체계에 실제로 남아 있는 공상주의의 잔재를 보여준다"(177쪽).

그러나 마르크스의 '이원론'은 사회주의의 미래와 자본주의의 현재라는 이원론, 자본과 노동의 이원론, 부르주아와 프롤레타리아의 이원론일 뿐이며, 이것은 부르주아 사회에 존재하는 이원론, 즉 부르주아의 계급 대립을 학문적으로 반영한 기념비적인 것이다.

마르크스의 이러한 이론적 이원론에서 베른슈타인이 '공상주의의 잔재'를 본다면, 그것은 그가 부르주아 사회의 역사적인 이원론을, 즉 자본주의의 계급 대립을 부정하며, 사회주의 자체가 그에게는 '공상주의의 잔재'가 되었다는 어리석은 고백일 뿐이다. 베른슈타인의 일원론은 자본주의 질서의 영원성에 대한 일원론이며, 최종 목표를 상실하고 부르주아 사회의 불변성 속에서 인류 발전의 종착점을 보려는 사회주의자의 일원론Monismus[155]이다.

그러나 베른슈타인이 자본주의 경제구조 그 자체에서 분열, 즉 사회주의로 발전하는 것을 보지 못한다면, 최소한 형태상으로나마 사회주의 강령을 보존하기 위해서는 경제 발전에 속하지 않는 관념주의로 도망가야만 하며, 사회주의 자체를 역사적으로 규정된 사회 발전의 한 단계가 아니라 추상적인 '원칙'으로 변형시켜야만 할 것이다.

자본주의 경제를 미화하는 베른슈타인의 '협동조합주의 원칙'은 사회주의라는 최종 목표를 가장 천박하고 '보잘것없이 왜곡'한 것인데, 이것은 그의 부르주아 이론이 사회의 사회주의적 미래가 아니라 사회주의적 과거—— 베른슈타인 자신의—— 로 귀환한다는 것을 인정하는 것처럼 보인다.

2. 경제적 민주주의와 정치적 민주주의[156]

우리는 지금까지 베른슈타인의 사회주의가 노동자들로 하여금 사회의 부에 참여하게 하는, 즉 가난한 자들을 부자로 만드는 계획에 이른다는 것을 보았다. 어떻게 이것이 실행될 수 있을까? 베른슈타인은 《새로운 시대》에 발표한 〈사회주의의 여러 문제〉라는 논문에서 우리가 분명하게 이해할 수 있는 지침을 거의 제시하지 않은 반면에 자신의 책에서 이에 관해 충분히 설명한다. 베른슈타인에 따르면 사회주의는 두 가지 방법, 즉 한편으로는 노동조합 또는 베른슈타인이 말하는 경제적 민주주의를 통해서, 다른 한편으로는 협동조합을 통해 실현될 수 있다고 한다. 그는 첫 번째 방법인 노동조합을 통해서는 산업 이윤을 억제하려고 하며, 두 번째 방법인 협동조합을 통해서는 상업 이윤을 없애고자 한다(118쪽).

협동조합, 특히 생산 협동조합의 경우 그 본질은 자본주의 경제에서 중간적 존재이다. 다시 말해 자본주의적 교환 속에 있는 사회화된 소규모 생산이다. 그러나 자본주의 경제에서 교환은 생산을 지배할 뿐만 아니라, 또한 경쟁 속에서 살아남기 위해 기업이 무자비하게 착취하도록 한다. 다시 말하면 교환은 자본의 이익을 위해 생산 과정을 완전히 지배하도록 만든다. 실제로 이것은 가능한 한 노동 강도를 높이고, 시장 상황에 따라 노동을 줄이거나 늘이며, 또 판매 시장의 요구에 따라 노동력을 고용하거나 해고해야 하는 필연성에서, 한 마디로 말하자면 알고 있는 모든 방법을 동원하여 자본주의 기업을 경쟁력 있게 만들어야 하는 필연성에서 나타난다. 이렇게 볼 때 생산 협동조합의 경우, 노동자들은 틀림없이 모순에 빠지게 된다. 즉 노동자들은 필연적으로 자신을 완전한 {시장의} 절대권력으로 통제해야 하는 상황에 빠지며, 자기 자신에 대립해서 자본주의 기업의 역할을 해야 한다. 따라서 이러한 모순으로 인해 생산 협동조합은 자본주의 기업으로 전환되든지 노동자들의 이익이 좀 더 큰 경우에는 해체되는 식으로 소멸한다. 바로 이것이 {협동조합에 대한} 베른슈타인의 구상이 직면한 사실인데, 그럼에도 불구하고 베른슈타인은 포터 웹 여사Frau Potter-Webb처럼 생산 협동조합이[157] 붕괴하는 원인은 '훈련'이 부족하기 때문이라고 주장하면서, 이러한 사실을 잘못 이해하고 있다. 여기에서 피상적이고 천박하게 '훈련'으로 표현되는 것은, 바로 자본의 자연적이고도 절대적인 체제인데, 이것을 노동자들이 스스로에게 사용하는 것은 불가능하다.[158]

결과적으로 생산 협동조합이 자본주의 경제의 한가운데서 확실히 존속할 수 있기 위해서는, 인위적으로 자유경쟁의 법칙에서 벗어나 자본주의 경제가 가진 생산과 교환 방식 사이의 모순을 우회적으로 지양해야만 한다는 결론이 나온다. 무엇보다 이것은 협동조합이 판매 시장, 즉 확실한 소비자 집단을 확보하는 경우에만 가능하다. 바로 소비자 연맹이 이를 위한 구제 수단으로서 생산 협동조합에 봉사한다. 바로 이 사실, 즉 생산 협동조합이 기능하기 위해서는 우선 소비자 연맹이 존재해야 한다는 사실 속에── 오펜하이머Franz Oppenheimer 식의 착상처럼 구매 협동조합과 판매 협동조합의 구분 속에서가 아니라── 베른슈타인이 다룬 문제의 비밀이 있다. 다시 말해 왜 독립된 생산 협동조합은 몰락하고 오로지 소비자 연맹만이 생산 협동조합의 존속을 보증할 수 있는가에 대한 이유가 거기에 있는 것이다.

그러나 이와 함께 현대사회에 생산 협동조합이 존재할 수 있는 조건이 소비자 연맹이 존재할 수 있는 조건과 연결된다면, 여기에서 다음과 같은 결론이 나온다. 즉 생산 협동조합은 가장 유리한 경우일지라도 지역적인 소규모 판매와 직접적인 욕구를 충족시키는 소수의 생산물, 특히 생필품에 의존한다는 점이다. 자본주의 생산의 모든 결정적인 영역, 즉 섬유, 석탄, 금속, 석유 그리고 기계, 철도, 조선 산업 등은 소비자 연맹에서, 따라서 생산 협동조합에서 처음부터 배제된다. 즉 생산 협동조합은 그 자체의 중간자적인 특성을 차치하고라도, 근본적으로 이미 전체적인 사회 개혁으로서 나타날 수가 없다. 왜냐하면 생산 협동조합이 전체적으로 관철되기 위해서는 무엇보다도 세계시장이 없어지고 기존의 세계경제가 지역적 소규모 생산과 교환 집단으로 해체되는 것, 다시 말해 본질적으로 대규모 자본주의 상품 경제가 중세 상품 경제로 후퇴하는 것을 전제로 해야만 하기 때문이다.

그러나 심지어 생산 협동조합이 실현될 수 있는 한계 내에서도, 생산 협동조합은 현대사회의 토대 위에서도 필연적으로 소비자 연맹의 단순한 부속물로 축소되며, 이와 함께 소비자 연맹이 사회주의 개혁이라는 목표의 전면에 나타나게 된다. 이를 통해서 협동조합을 통한 전체 사회주의 개혁은, 자본주의 경제의 주류인 생산 자본[159]에 대한 투쟁에서 상업 자본, 특히 소매 자본과 중개업 자본에 대항하는, 오로지 자본주의 줄기에서 나온 작은 가지들에 대항하는 투쟁으로 축소된다.

노동조합과 관련하여, 베른슈타인은 노동조합 그 자체가 생산 자본[160]의 착취에 대항하는 수단이라고 말한다. 이에 대해 우리는 노동조합이 생산 규모와 관련해서도 또 기술적 방법과 관련해서도, 노동자들에게 생산 과정에 대한 영향력을 보장해 줄 수 없음을 이미 〔18쪽 이하에서〕[161] 증명했다.

베른슈타인이 "이윤율에 대한 임금률의 투쟁"이라고 부르는 순수 경제적인 측면 역시 이미 보았듯이, 이 투쟁은 자유로운 푸른 대기에서가 아니라 임금 법칙의 규정된 한계 내에서 이루어진다. 임금 법칙은 파괴될 수 없으며 오로지 실현될 수 있을 뿐이다. 이러한 사실은 그 문제를 다른 측면에서 파악해 노동조합 본래의 기능을 문제 삼더라도 마찬가지다.

베른슈타인에 따르면, 노동자 계급의 해방 투쟁에서 노동조합은 산업 이윤율을 공격해 이것을 단계적으로 임금률로 해체시키는 역할을 하도록 한다. 그러나 노동조합은 경제적으로 이윤에 대해 결코 공세적 정책을 사용할 수 없다. 왜냐하면 노동조합은 [바로] 이윤의 공격에 대항하려는 노동자 계급의 조직된 방어, 다시 말하면 자본주의 경제가 가지고 있는 [임금률을] 아래로 억누르는 경향에 직면하여 노동자 계급을 보호하려는 것에 불과하기 때문이다. 이것은 두 가지 이유에서 그렇다.

첫째, 노동조합의 과제는 자신의 조직을 통해 노동력이라는 상품의 시장 상황에 영향을 미치는 것이다. 그러나 이 조직은 중산계층이 프롤레타리아화되면서 끊임없이 노동시장에 새로운 상품을 제공하기 때문에 계속 파괴된다. 둘째, 노동조합의 목적은 노동자 계급의 생활 수준을 향상시키는 것, 즉 사회적 부에 대한 노동자 계급의 몫을 확대하는 것이다. 그러나 이러한 몫은 노동 생산성이 향상함에 따라서 자연적인 과정처럼 숙명적으로 계속 낮아진다. 이러한 사실을 간파하기 위해서 반드시 마르크스주의자일 필요는 없다. 그저 로트베르투스Johann Karl Rodbertus[162]의 《사회 문제에 대한 조명 *Zur Beleuchtung der sozialen Frage*》을 한번 읽어보면 된다.

따라서 이러한 경제적인 두 가지 주요 기능을 수행하는 노동조합을 통한 투쟁은 자본주의 사회에서 진행하고 있는 객관적인 사실들로 인해 일종의 시시포스 노동으로 바뀐다. 물론 노동자가 각각의 시장 상황에 따라 자신에게 주어지는 임금률을 따라야만 하고, 자본주의 임금 법칙이 실현되어야만 하며, 또 경제 발전을 저하시키는 경향이 제대로 작용하지 않는 경우, 더 정확히 말해 약화되는 경우, 이러한 시시포스 노동은 필수적이다. 그러나 노동조합이 임금에 유리하게 이윤을 단계적으로 축소시키는 수단이 될 수 있다고 생각한다면, 그것은 무엇보다 다음의 두 가지 사회적 조건을 전제로 한 것이다. 첫째, 중간 계층이 프롤레타리아화하지 않으며, 노동자 계급이 성장하지 않고 정체되어 있다는 것, 둘째, 노동 생산성이 정체되어 있다는 것인데, 두 경우 모두 소비 협동조합 경제를 실현하는 것과 마찬가지로 대규모 자본주의 이전의 상황으로 돌아가는 것을 전제로 한다.

따라서 사회주의 개혁을 위한 베른슈타인의 두 가지 수단인 협동조합과 노동조합은 전혀 자본주의의 생산양식을 변화시킬 수 없다는 것이 입증된다. 기본적으로 베른슈타인 자신도 모호하게나마 이것을 인식하고 있으며, 사회주의 개혁을 위한 두 가지 수단이 단지 자본주의의 이윤을 잘라내 이것으로 노동자를 부유하게 하려는 것으로 파악한다. 그러나 베른슈타인은 이런 식으로 자본주의적 생산163에 대한 투쟁을 포기하고, 자본주의적 분배에 반대하는 투쟁으로 사회민주주의 운동을 이끈다. 또한 그는 자신의 사회주의를 "공정

한", "더 공정한" (51쪽), 실로 "한층 더 공정한"(《전진》, 1899
년 3월 26일 자) 분배라고 되풀이하여 표현하고 있다.

　적어도 대중을 사회민주주의 운동으로 이끄는 가장 직접
적인 자극이 자본주의 질서의 '불공정한' 분배라는 것은 너
무도 명백하다. 사회민주주의는 경제 전체를 사회화하기 위
해 투쟁하고 또한 당연히 이를 통해서 사회적인 부를 '공정
하게' 분배하려고 한다. 그럼에도 불구하고 특정 시점에서의
분배는 단지 각각의 생산양식에 따르는 자연법칙의 결과에
불과하다는 마르크스의 통찰에 의거해서 고찰해본다면, 사
회민주주의는 단순히 자본주의적 생산의 틀 안에서 이루어
지는 분배가 아니라 오로지 상품 생산 자체를 지양하는 것을
목표로 투쟁한다. 한마디로 사회민주주의는 자본주의적 생
산양식을 폐기함으로써 사회주의적으로 분배하고자 한다.
반면에 베른슈타인의 방법은 이와는 노골적으로 반대된다.
즉 그는 자본주의 분배에 대항해서 투쟁하고, 이를 통해서
점진적으로 사회주의 생산양식을 이룩하기를 희망한다.

　그러나 이 경우 어떻게 베른슈타인이 희망하는 사회주의
의 개혁이 실현될 수 있는가? 자본주의적 생산의 특정한 경
향들을 통해서? 결코 아니다. 왜냐하면 우선 베른슈타인은
바로 이러한 경향을 부정하기 때문이다. 둘째로, 베른슈타인
에 의하면 바람직한 생산의 형태는 분배의 결과이지 원인이
아니다. 따라서 그에게서 사회주의를 형성할 수 있는 기초

는 경제적인 것이 아니다. 그는 사회주의의 목적과 수단, 그리고 이와 함께 경제적 관계들을 역전시켰기 때문에, 자신의 프로그램을 유물론적으로 전혀 설명할 수 없으며, 이념론적인 토대에 호소할 수밖에 없었다.

베른슈타인은 "무엇 때문에 사회주의를 경제적 필연성이라는 관점에서 도출하는가?", "무엇 때문에 인간의 통찰, 법의식, 의지를 과소평가하는가?"(《전진》, 1899년 3월 26일 자)라고 말한다. 따라서 베른슈타인이 주장하는 정당한 분배는 인간의 절대적[164]이지만 과학적 필연성에는 도움이 되지 않는 의지의 힘으로 실현되어야만 한다. 더 정확하게 말하자면, 의지 자체는 그저 하나의 도구에 불과하기 때문에, 결국은 정의에 대한 통찰, 간단히 말해 정의의 이념Gerechtigkeitsidee에 의해서 실현되어야만 한다.

다행스럽게도 우리는 여기에서 정의론, 안전한 역사적인 기관차[165]가 없었던 수천 년 동안 전 세계 개혁자들이 타고 다녔던 이 늙어빠진 말, 역사의 모든 돈키호테들이 세계의 위대한 개혁에 이리저리 끌고 다니면서 결국 눈을 멀게 한 채 고향으로 끌고 올 수밖에 없었던 노쇠한 로시난테(돈키호테가 타고 다닌 말—옮긴이주)에 이르게 된다.

사회주의의 사회적 기초로서 빈부 관계, 사회주의의 내용으로서 협동조합주의 '원칙', 사회주의의 목적으로서 '정당한 분배' 그리고 사회주의의 유일한 역사적 정통성으로서 정의에 대한 이념, 이러한 종류의 사회주의를 바이틀링이 이미 50년 전에 얼마나 더 많은 힘과 정신과 명예를 가지고 대변했는가! 그러나 그 천재적인 재단사(바이틀링은 양복 재단사였다―옮긴이주)는 아직 과학적 사회주의를 알지 못했다. 그리고 50년이 지난 오늘날 {누군가} 마르크스와 엥겔스에 의해 넝마 조각처럼 조각난 생각을 운 좋게도 다시 기워 맞춰서 독일 프롤레타리아에게 과학의 마지막 단어로 제공할지라도, 그는 기껏해야 그저 재단사에 불과할 뿐, 천재적인 재단사는 아니다.

 노동조합과 협동조합이 베른슈타인[166] 이론의 경제적 토대라면, 그의 이론의 가장 중요한 정치적 전제는 민주주의가 끊임없이 진보하리라는 것이다. 오늘날 나타나고 있는 반동적 폭발들은 그에게는[167] 단지 우연이고 일시적인 것이며, 노동자 투쟁을 위한 보편적 규범을 제시하는 데 고려될 수 없는 '경련'에 불과할 뿐이다.[168] 〔그러나 중요한 것은 친구들이 말이나 글로써 확신하고 있는 것을 근거로 베른슈타인이 반동의 지속성을 어떻게 생각하는가의 문제가 아니라, 민주주의와 실제 사회 발전 사이에 어떤 내적인 객관적 관계가 존재하는가이다.〕
 베른슈타인에 따르면[169] 민주주의는 현대사회의 발전에서 피할 수 없는 한 단계로 나타난다. 자유주의의 부르주아 이론가와 똑같이, 그에게는 민주주의가 그야말로 역사 발전의 위대한 근본 법칙이며, 정치적인 삶에 작용하는 모든 힘은 민주주의를 실현하는 데 헌신해야만 하는 것이다. 그러나 {민주주의를} 이러한 절대적인 형태 속에서 파악하는 것은 근본적인 오류이며, 또 약 25~30년 동안 부르주아 발전의 단편적인 사소한 결과를 소부르주아적으로, 특히 피상적으로 천편일률화하는 것일 뿐이다. 민주주의의 발전을, 또한 동시에 자본주의 정치사를 역사 속에서 고찰할 때, 본질적으로 다른 결과가 나온다.

첫째, 민주주의의 발전을 역사 속에서 살펴보면, 매우 다른 사회구성체들 속에서, 즉 원시공산주의사회, 고대 노예제 국가, 중세 신분 공동체에서 민주주의가 다시 발견된다. 마찬가지로 매우 다른 경제적 관계들 속에서 절대주의와 제한 군주제가 나타난다. 다른 한편, 자본주의는 초기에——상품 생산으로——민주주의적 헌법을 도시 공동체에 가져왔다. 그 후 더욱 발전된 형태 속에서, 즉 공장제적 수공업 자본주의는 그 자체에 어울리는 정치 형태를 절대군주제에서 발견한다. 마지막으로 발전된 산업 경제 자본주의는 프랑스의 경우, 민주공화제(1793년), 나폴레옹 1세의 절대군주제, 왕정복고 시기의 귀족 군주제(1815년에서 1830년까지), 루이 필리프Louis-Philippe의 부르주아 입헌군주제, 다시 민주 공화제, 다시 나폴레옹 3세의 군주제, 마지막으로 세 번째의 민주공화제(이것은 그 자체로서는 거의 죽은 것처럼 보인다)를 번갈아 만들어낸다. 독일에서는 현실적으로 민주주의적인 유일한 제도, 즉 보통선거권은 부르주아 자유주의가 이룩한 업적이 아니라 소국가들을 정치적으로 결합시키는 수단이 었으며, 단지 이 경우에만 독일 부르주아 발전에 의미가 있을 뿐이었다. 그 밖의 상황에서 독일 부르주아는 반(半)봉건적 입헌군주제에 만족한다. 러시아의 경우, 잠시라도 부르주아가 민주주의를 동경한 적이 없이, 자본주의는 동양적 절대군주제하에서 상당히171 번성한다.172 오스트리아에서 보통선거권은 주로 분열하는 군주제를 구제하기 위한 구명줄로 나타났다(이것이 원래의 민주주의와 거의 관계가 없다는 것은 왕령 14조173가 증명한다). 마지막으로 벨기에의 경우에 노동운동의 민주주의적인 성과 ── 보통선거권 ── 는 분명 군국주의의 약화, 즉 벨기에 특유의 지리적·경제적 위치와 관계가 있었다. 무엇보다 벨기에의 이러한 성과는 바로 부르주아에 '의해서'174가 아니라 부르주아에 대항해 쟁취되었다는 점에서 '한 조각의 민주주의ein Stück Demokratie'이다.

베른슈타인과175 부르주아 자유주의는 민주주의를 향한 끊임없는 진보를 인류 역사, 최소한 현대사의 위대한 기본 법칙으로 보는데, 좀 더 자세히 고찰해보면 민주주의를 향해 끊임없이 진보한다는 것은 환상일 뿐이다. 자본주의 발전과 민주주의 사이에는 절대적인 내적176 관계가 형성되지 않는다. 정치 형태는 항상 정치적 대내적·대외적 요소들을 총합한 결과이며, 절대군주제에서 가장[177] 민주적인 공화제에 이르기까지 그 사이에 존재하는 모든 단계는 그 나름대로의 정치 형태를 가진다.

따라서 민주주의 발전에 관한 일반적인 역사법칙을 현대 사회의 범위에서가 아니라, 부르주아 역사의 현재 단계에서만 고찰하더라도, 여기에서조차 정치적인 상황 속에서 베른슈타인이 이야기하는 도식을 실현하는 것이 아니라, 오히려 정확히 그 반대로 부르주아 사회가 지금까지 성취해온 것들을 부정하는 요소들이 나타난다.

한편 매우 중요한 사실은 민주주의 제도들이 부르주아가 발전하는 데 큰 역할을 했다는 것이다. 소국가들이 결합하여 현대적인 대규모 국가를 형성하는 데 이들 제도가 꼭 필요한 것이었던 한에서, (독일, 이탈리아의 경우)〔이 제도들은 쓸데없는 것이 되었다〕경제적인 발전은 그 사이에 하나의 유기적이고 내적인 성장을 이루었다〔그런 한에서 정치적인 민주주의 동맹이 약화되어도 부르주아 사회의 유기적 조직은 위험에 처하지 않는다〕.

정치·행정의 통합체로서 전체 국가기구가 반봉건적 또는 철저한 봉건적 메커니즘으로부터 자본주의 메커니즘으로 전환되는 경우에도 동일한 것이 적용된다. 역사적으로 민주주의와 분리될 수 없는 이러한 전환은, 오늘날 행정, 재정, 국방 등을 (독일에서 1848년) 3월혁명[178] 이전 시대[179]의 형태로 원상복구하지 않고 국가의 순수 민주적 요소, 즉 보통투표권,[180] 공화주의 국가 형태를 아무 위험 없이[181] 제거하면서 실현된다.

이런 식으로 자유주의가 부르주아 사회를 위해서 본질적으로 하찮은 것이라면, 다른 한편 그것은 중요한 관계들에서는 직접적인 장애물이 되었다. 여기에서는 오늘날 국가 전체의 정치적 삶을 지배하고 있는 두 가지 요소, 즉 세계 정치와 노동운동을 생각할 수 있다. 이 두 가지는 자본주의 발전의 현 단계에 나타나는 서로 다른 두 측면에 불과하다.

세계경제가 형성되고 세계시장에서의 경쟁이 첨예해지고 보편적이 됨으로써 군국주의와 해군 확장주의가 세계 정치의 수단으로 (모든) 강대국의 국제적, 국내적 생존을 주도하는 요소가 되었다. 그러나 세계 정치와 군국주의는 (의심의 여지없이 자본주의의 경제적 욕구 그리고 그것의 추구와 관련되어 있기 때문에) 현 단계에서 상승하는 추세라면, 이에 따라 당연히 부르주아 민주주의는 분명히 하강한다. (가장 결정적인 예가 스페인 전쟁[182]이 끝난 후 형성된 북미 연합이다. 프랑스에서 공화국이 존속할 수 있었던 주요 원인은 일시적으로나마 전쟁을 불가능하게 만든 국제정치의 상황이다. 만약 전쟁이 난다면, 프랑스는 모든 면에서 볼 때 세계 정치에 참여할 수 있을 만큼 무장되어 있지 않다는 것이 드러날 것이고, 이 경우 전장에서 프랑스의 첫 패전에 대한 대답은 파리에서의 군주제 선포일 것이다.] 독일이 강대하게 무장했던 〔가장 최근〕 시기(1893년)[183]와 또 키아우초우[184]와 함께 시작된 세계정책과 함께 즉각적으로 부르주아 민주주의의 두 가지가 희생되었는데, 곧 자유주의가 파괴되고 중앙당[185]이 전복되는 대가를 치렀다.

이처럼 대외 정책이 부르주아를 반동의 품으로 몰아넣는다면, 국내 정책 역시 마찬가지다. 바로 노동자 계급이 성장했기 때문이다. 물론 베른슈타인은 이것을 시인하는데, 그는 급진적 부르주아의 이탈이 사회민주주의적인 {모든 것을 다 삼키려는} '탐식신화Freßlegende(貪食神話)', 다시 말해 노동자 계급이 사회주의를 추구하는 것 때문이라고 본다. 이어 베른슈타인은 죽음의 공포에 사로잡혀 있는 자유주의를 다시 반동의 쥐구멍에서 꾀어내어 자신이 주장하는 사회주의의 최종 목표로 이끌어야 한다고 프롤레타리아에게 충고한다. 그러나 이와 함께 베른슈타인이 가장 결정적으로 증명하고 있는 것은, 그가 사회주의 노동운동의 폐지를 부르주아 민주주의의 생존 조건과 사회적 전제로 만들고 있다는 점이며, 사회주의 노동운동이 현재 사회의 내적인 발전 경향의 직접적 산물인 만큼 이러한 부르주아 민주주의는 이 발전 경향에 모순된다는 점이다.

그러나 베른슈타인은 이것을 통해 한 가지를 더 증명한다.

즉 그는 노동자 계급이 사회주의의 최종 목표를 포기하는 것이 부르주아 민주주의가 부활할 수 있는 전제인 동시에 조건이라고 규정하면서도, 반대로 부르주아 민주주의가 사회주의 운동과 사회주의의 승리를 위한 필연적인 전제이며 조건이 될 수 없음을 보여준다. 여기에서 베른슈타인의 추론은 최종 결론이 최초의 전제를 '집어삼키는' 잘못된 순환논법으로 끝난다.

이러한 순환논법에서 벗어나는 것은 매우 간단하다. 부르주아 자유주의가 진보하는 노동운동과 그 최종 목표에 대한 경악으로 인해 숨이 끊어졌다는 사실에서는 다음과 같은 결론이 나올 수 있을 뿐이다. 즉 사회주의 노동운동이 바로 오늘날 민주주의를 지탱하는 유일한 버팀목이 될 수 있다는 것이다. 사회주의 운동의 운명이 부르주아 민주주의에 연결되어 있는 것이 아니라, 반대로 민주주의 발전의 운명이 사회주의 운동에 연결되어 있다. 또한 민주주의는 노동자 계급이 해방 투쟁을 포기하는 경우가 아니라, 반대로 사회주의 운동이 세계 정책과 부르주아의 이탈이 가져오는 반동에 대항해 강력히 투쟁할수록 생명력을 가지게 된다. 그리고 민주주의를 강화시키고자 하는 사람은 사회주의 운동이 약화되는 것이 아니라 강화되기를 원해야 하며, 따라서 사회주의를 위한 노력을 포기한다는 것은 노동운동뿐만 아니라 민주주의도 포기하는 것이다.

〔1899년 3월 26일 자《전진》에서 베른슈타인은 카우츠키 Karl Kautsky에게 '답'하면서 그 결론에서 다음과 같이 설명한다. 즉 자신은 실천 부분에 관해서는 사회민주주의의 강령에 전적으로 동의하며, 단지 강령의 이론적 부분에 대해서만 어느 정도 이의를 제기했다는 것이다. 그럼에도 불구하고 그는 여전히 자신이 당의 대열에서 진군할 수 있는 권리와 권한을 가지고 있다고 확신한다. 왜냐하면 "(역사) 발전의 진행에 관해 내 견해와 더 이상 일치하지 않는 문장 하나가 강령의 이론(부분)에 있는가 아닌가"에 커다란 "비중을 두어야만 하는가?"라고 반문하기 때문이다. 이런 해명은 기껏해야 베른슈타인이 사회민주주의의 실천 행위와 보편적 기본 원칙 사이의 관계가 가지는 의미를 전혀 파악하지 못한다는 것을 보여줄 뿐, 다시 말해 같은 문장일지라도 당과 베른슈타인은 전혀 다른 것을 표현하고 있음을 보여줄 뿐이다. 실제로 우리가 보았던 것처럼, 베른슈타인의 이론은 다음과 같은 가장 초보적인 사회민주주의 인식에 이른다. 즉 기본 원칙의 토대 없이는 실천 투쟁도 모두 무가치하고 무목적적으로 되며, 최종 목표를 포기하는 순간 이와 함께 운동 그 자체도 소멸한다.〕

3. 정치권력의 장악

　민주주의의 운명은 우리가 살펴본 것처럼 노동운동의 운명과 연결되어 있다. 그러나 민주주의가 발전하면 최선의 경우, 국가권력의 장악 또는 정치권력의 탈취를 의미하는 프롤레타리아 혁명이 필요 없거나 불가능하게 되는가?

　베른슈타인은 이런 문제를 법률 개혁과 혁명이 가지는 장점과 단점을 충분히 비교하는 식으로 결정하는데, 이는 소비자 연맹에서 계피와 후추를 달아보는 식의 안이한 태도다. 그는 발전의 법칙적인 진행 속에서 지성의 작용을 보며, 혁명적으로 발전해나가는 것에서는 감성의 작용을, 개혁 작업에서는 역사 발전의 점진적인 방법을, 혁명에서는 급격한 방법을, 법률 제정에서는 통제된 힘을, 전복에서는 원시적인 힘을 본다(183쪽).

　소부르주아 개혁가는 세상의 모든 것에서 '장점'과 '단점'을 보며, 모든 화단에서 이 꽃 저 꽃의 냄새를 맡는다는 것은 이미 알려진 이야기다. 마찬가지로 사물의 실제적인 진행은 소부르주아적으로 짜맞추는 것에 영향을 받지 않으며, 세상에 있음직한 모든 것의 '장점들'을 가장 조심스럽게 끌어다 함께 쌓아놓은 작은 더미를 한 번의 재채기로 공중으로 날려버린다는 것도 잘 알려진 이야기다. 실제로 우리는 역사 속에서 법률 개혁과 혁명은 이들 각각의 방법이 가지고 있는 장점이나 단점보다 더 심오한 근거에 따라 기능하는 것을 본다.

요컨대 역사의 진행에서 법률 개혁은 항상 상승하는 계급이 정치권력을 탈취하고 기존의 모든 법체계를 충분히 전복시킬 수 있을 정도로 성숙했다고 느끼게 될 때까지 점진적으로 세력을 획득하는 데 이용했다. 베른슈타인은 정치권력을 장악하는 것을 블랑키주의적 폭력 이론이라고 비난하는데, 불행하게도 그는 여기에서 수백 년 이래 인류 역사의 축이며 추동력인 것을 블랑키주의적인 오산(誤算)으로 여기고 있다. 계급사회가 존재한 이래, 또 이 사회의 역사를 만드는 본질적인 내용이 계급투쟁인 이래, 정치권력을 장악하는 것은 항상[186] 상승하는 모든 계급의 목표였을 뿐만 아니라, 또한 각 역사적 시기의 출발점이면서 종착점이었다. 이것은 과거 로마의 경우, 화폐 자본가[187]를 상대로 농민 계급이 장기간 투쟁하는 것에서, 또 중세 도시의 경우 교회를 상대로 세습 귀족이 그리고 세습 귀족을 상대로 수공업자들이, 현대에는 봉건주의를 상대로 부르주아가 투쟁하는 것에서 나타난다.

따라서 법률 제정[188]과 혁명은 뷔페에서 따뜻한 소시지나 차가운 소시지를 고르듯, 역사의 뷔페에서 임의로 선택할 수 있는 역사 발전을 위한 서로 다른 방법이 아니라, 계급사회가 발전하는 가운데 나타나는 여러 가지 서로 다른 계기들이다. 이것은 남극과 북극처럼 또는 부르주아와 프롤레타리아처럼, 서로를 조건 짓고 보완하면서도 동시에 서로를 배제한다.

실로 모든 법률 헌장은 오로지 혁명의 산물이다. 혁명이 계급 역사의 정치적 창조 행위라면, 법률 제정은 그 사회의 정치적인 존속을 표현하는 것이다. 법률 개혁 작업의 내부에는 혁명에서 독립된 독자적인 추동력이 없다. 그것은 역사의 각 시기에서 바로 최후의 변혁으로 주어진 법률 개혁 작업을 위한 토대가 계속 영향력을 발휘하는 방향으로 움직이고 그러한 영향력을 발휘하는 동안에만, 또는 구체적으로 이야기해서 최후의 변혁으로 인해 세상에 나오게 된 사회 형태의 틀 안에서만 움직인다. 이것이 바로 문제의 핵심이다.

법률 개혁 작업을 단순히 넓은 혁명으로, 또 혁명을 응집된 개혁으로 생각하는 것은 근본적으로 잘못된 것이며 완전히 비역사적인 인식이다. 사회 변혁과 법률 개혁은 시간의 지속성이라는 면에서 구분되는 것이 아니라, 본질적으로 서로 다른 계기다. 양적 변화가 단순히 새로운 질로 전환된다는 것, 구체적으로 역사의 한 시기, 한 사회질서가 역사의 다른 시기, 곧 다른 사회질서로 이행하는 것에 바로 정치권력을 이용한 역사적인 변혁의 비밀이 모두 들어 있다.

따라서 정치권력 장악과 사회변혁 대신, 그리고 이에 대립해서 법률 개혁의 길을 찬성하는 사람은 실제로는 같은 목표에 이르는 더 조용하고 확실하고 시간이 걸리는 길을 택한 것이 아니라, 다른 목표를 택한 것이다. 요컨대 새로운 사회질서를 도입한 것이 아니라 과거 사회질서 속에서 단지 양적[189] 변화들만 택하는 것이다. 그래서 베른슈타인의[190] 정치적 견해도 그의 경제 이론과 같은 결론에 이른다. 기본적으로 그의 정치적 견해는 사회주의 질서를 실현하는 것이 아니라 단지 자본주의 질서를 개혁하는 것, 또 임금체계가 아니라 크고 작은 여러 착취를 부정하는 것이 목적이다. 한마디로 자본주의의 종양을 제거하는 것이 목적이지, 자본주의 자체를 제거하는 것이 아니다.

그러나 법률 개혁과 혁명의 기능에 관해 위에서 말한 것들은 단지 지금까지의 계급투쟁들에만 타당한 것은 아닐까? 아마 지금부터는 부르주아 법체계의 완성, 다시 말해 법률 개혁 덕분에 사회가 역사의 한 단계에서 다른 단계로 이행할 것이 결정되고, 그리하여 프롤레타리아가 국가권력을 장악한다는 것은 '내용 없는 상투어가'(183쪽)[191] 될 것인가?

사실은 정확히 그 반대다. 부르주아 사회는 어떤 점에서 이전의 고대와 중세 계급사회들과 구분되는가? 바로 계급 지배가 이제는 '기득권'이 아니라 현실의 경제적 관계들에 바탕을 둔다는 점과, 임금체계는 법적 관계가 아니라 순수 경제적 관계라는 점에서 구별된다. 우리의 법체제 전체에는 현재의 계급 지배에 관한 법률 문구가 전혀 없다. 이런 문구의 흔적이 있다면, 봉건적 관계의 잔재인 고용인 고용법과 같은 것이다.

임금 노예제가 법률에 전혀 존재하지 않는다면, 어떻게 임금 노예제를 단계적인 '법적인 방법으로' 폐지할 수 있는가? 베른슈타인은 법률 개혁 작업에 착수해 이러한 방법으로 자본주의의 최후를 준비하고자 하는데, 그는 우스펜스키Gleb Uspenski의 소설에서, 자신의 모험을 이야기하는 러시아 경비원과 같은 입장에 놓이게 된다. 그 러시아 경비원은 이렇게 말한다. "나는 재빨리 그 녀석의 목을 조였지. 그런데 무슨 일이 일어났는지 알아? 그 망할 녀석에게는 목이 없더란 말이야." 바로 그게 문제다.

"지금까지의 모든 사회는 지배계급과 피지배계급의 대립에 바탕을 둔다"(〈공산당 선언Das Kommunistische Manifest〉, 17쪽). 그러나 현대사회에 선행한 단계들에서 이러한 대립은 특정한 법적 관계에 표현되었으며, 바로 그렇기 때문에 일정한 정도까지는 새로운 관계가 등장하는 것을 여전히 과거의 틀 속에서 허용할 수 있었다. "농노제에서 농노는 공동체의 구성원으로 자신의 지위를 스스로 높였다"(〈공산당 선언〉, 17쪽). 어떻게 해서 그러했는가? 부역, 쿠르메덴Kurmeden[192], 피륙권, 인두세, 강제 혼인, 상속 재산 분할권 등 —— 이러한 것들이 모두 모여 농노제를 구성한다 —— 각각 분리되어 있는 특권을 모두 도시 관할권 내에서 폐지함으로써 지위를 높였다.

마찬가지로 '봉건주의적 절대주의의 멍에 아래서 소부르 주아는 부르주아로' 입신 출세한다(〈공산당 선언〉, 17쪽). 어떤 방법으로 그럴 수 있었는가? 부분적으로 길드의 억압을 형식적으로 폐지하거나 실제적으로 완화시킴으로써, 즉 가장 필요한 범위 내에서 행정, 금융, 국방을 점진적으로 개량함으로써 성취했다.

따라서 이 문제를 역사적으로 다루지 않고 추상적으로 다루고자 한다면, 더 이전 시대의 계급 관계의 경우, 봉건사회에서 부르주아 사회로 이행한 것은 순수히 법적-개량주의적인 방법으로 이루어진 것처럼 생각하게 된다. 그러나 실제로 어떤 일이 일어났는가? 여기에서도 법률 개혁은 부르주아 계급이 정치권력을 장악할 필요가 없도록 만든 것이 아니라, 오히려 그 반대로 부르주아 계급이 정치권력을 장악하도록 준비하는 데 이용되었다는 사실이다. 농노제 폐지뿐만 아니라 봉건주의 폐지를 위해서 본격적인 정치적·사회적 변혁은 필연적인 것이었다.

그러나 이제 문제가 완전히 달라졌다. 프롤레타리아는 자본의 멍에에 묶이도록 어떤 식으로든 법률에 의해 강요되지 않으며, 오히려 필요에 따라, 곧 생산수단의 결핍으로 인해 강요된다. 그러나 부르주아 사회의 틀 속에서는 세상의 어떤 법률로도 이러한 생산수단을 프롤레타리아에게 주도록 명령할 수 없다. 왜냐하면 프롤레타리아는 법률을 통해서가 아니라 경제 발전을 통해 생산수단을 빼앗겼기 때문이다.

　더 나아가 임금 관계 내에서의 착취 역시 법률에 바탕을 두고 있지 않은데, 왜냐하면 임금의 많고 적음은 법률이 아니라 경제적 요소들을 통해 규정되기 때문이다. 그리고 착취라는 사실 그 자체는 법률 규정에 근거한 것이 아니다. 그것은 무엇보다도 노동력이 가치를, 특히 자기 자신의 원래[193] 가치보다 더 많은 가치를 생산하는 편리한 특성이 있는 상품으로 나타난다는 순수 경제적인 사실에 바탕을 둔다. 한마디로 자본주의 계급 지배의 기본 관계들은 부르주아의 토대 위에서 법적 개혁을 통해 변혁되지 않는다. 왜냐하면 그 관계들은 부르주아의 법률에 의해 도입된 것이 아니고 또 이 관계를 표현하는 법적 형태 역시 없기 때문이다. 베른슈타인은 사회주의 '개혁'을 계획할 때, 이 사실을 알지 못했다. 특히 이것은 그의 책 10쪽에 있는 다음의 문장에서 알 수 있다. "과거에는 모든 종류의 지배 관계와 이데올로기들을 통해 위장되었던 경제적 동기가 오늘날에는 자유롭게 나타난다."

　그러나 여기에 또 하나의 사실이 추가된다. 무엇보다도 자본주의 질서 속에 들어 있는 미래 사회를 위한 모든 요소는 자본주의 질서가 발전함에 따라 사회주의에 접근하는 것이 아니라, 오히려 사회주의에서 멀어지는 형태를 취한다는 것이 자본주의 질서의 또 다른 특성이다. 생산에서는 사회적 성격이 점점 더 많이 나타난다. 그러나 어떤 형태인가? 주식회사,194 〔국유화Verstaatlichung〕 카르텔의 형태로 표현되며, 여기에서 자본주의의 대립, 착취, 노동력의 종속은 최고조에 이른다.

군사 제도는 국방의 의무를 보편적으로 확대하고, 병역 기간을 축소하는 등 실제적으로 거의 국민군을 발전시켰다. 그러나 이것은 군사 국가를 통해 국민을 지배하고 국가의 계급적 성격을 가장 적나라하게 보여주는 현대 군국주의 형태로 발전되었다.

정치적 관계에서 민주주의의 발전은 그 바탕이 허용한다면 모든 계층의 국민을 정치생활에 참여하게 한다. 말하자면 '국민국가Volksstaat'로 이끈다. 그러나 이것의 부르주아 의회주의 형태에서는 계급 대립과 계급 지배가 없어지지 않으며, 오히려 발전하고 폭로된다. 따라서 전체 자본주의는 모순 속에서 발전하기 때문에, 바로 이러한 이유에서 사회주의 사회의 핵심에 모순되는 자본주의의 껍데기를 벗겨내기 위해서는 프롤레타리아가 정치권력을 장악하고 자본주의 체제를 전체적으로 해체해야 한다.

물론 베른슈타인은 다른 이야기를 하고 있다.195 즉 민주주의의 발전이 자본주의 모순들을 약화시키는 것이 아니라 첨예화한다면196 "사회민주주의는 일을 더 어렵게 만들지 않기 위해, 될 수 있는 한 사회 개혁과 민주제도 확대를 무효화하고자 노력해야만 할 것"(71쪽)이라고 대답한다. 이것은 사회민주주의가 소부르주아의 방식으로 역사의 장점은 모두 취하고 단점은 버리는 식의 한가로운 작업을 선호하는 경우에 해당된다. 이 경우 사회민주주의는 논리적으로 전체 자본주의 자체를 '무효화하도록 노력해야만' 할 것이다. 왜냐하면 자본주의는 사회민주주의가 사회주의로 나아가는 길에 장애물을 던지는 주요 악한이라는 것이 분명하기 때문이다. 실제로 자본주의는 장애물인 동시에 사회주의 강령을 실현할 수 있는 유일한 가능성을 준다. 민주주의에 대해서도 이와 완전히 똑같이 논의할 수 있다.

〔45쪽 이하에서197 제시했듯이〕 민주주의가 부르주아에게 반은 쓸데없고, 반은 방해물이 되었다고 한다면, 노동자 계급에게는 필수적이며 또 없어서는 안 된다. 민주주의가 꼭 필요한 이유는 첫째, 프롤레타리아가 부르주아 사회를 변혁시키는 출발점이면서 원칙으로 사용하게 될 정치 형태들(자치, 선거권 등)을 민주주의가 창출해내기 때문이다. 둘째, 오로지 민주주의에서만, 민주주의를 위한 투쟁에서만, 민주적인 법의 실행을 통해서만 프롤레타리아는 자기 계급의 이해관계와 역사적 의무를 의식할 수 있기 때문이다.

한마디로 민주주의가 반드시 필요한 이유는 그것이 프롤레타리아가 정치권력을 장악하는 것을 불필요한 것으로 만들기 때문이 아니라, 오히려 그 반대로 이러한 권력 장악을 필수적이면서 동시에 유일하게 가능한 것으로 만들기 때문이다. 비록 엥겔스가 〈프랑스에서의 계급투쟁Die Klassenkämpfen in Frankreich〉서문에서 현재 노동운동의 전술을 수정하고 법적 투쟁을 바리케이트에 대립시키고 있을지라도, 그는——서문의 각 행에서 분명히 알 수 있는데——정치권력을 최종으로 장악하는 것에 관한 문제가 아니라, 현재 일상적인 투쟁의 문제를 다루고 있다. 즉, 국가권력을 장악하는 순간 자본주의 국가를 '상대로'198 하는 프롤레타리아의 행동이 아니라 자본주의 국가의 틀 안에서의 프롤레타리아의 행동을 다루고 있다. 한마디로 엥겔스는 승리하고 있는 프롤레타리아가 아니라, 억압받고 있는 프롤레타리아에게 원칙을 제시하고 있는 것이다.

반대로 "토지 귀족을 몽땅 사들인다면, 아마도 가장 쉽게 앞으로 전진할 것이다"199라고 마르크스가 영국의 토지 문제에 관해 한 유명한 문구를 베른슈타인도 인용하고 있는데, 이 글은 프롤레타리아가 승리하기 전이 아니라 승리한 후의 행동과 관계가 있다. 왜냐하면 노동자 계급이 정권을 장악한 경우에야 비로소 지배계급들을 '몽땅 사들인다'고 분명하게 말할 수 있기 때문이다. 따라서 여기서 마르크스가 가능하다고 보는 것은 프롤레타리아 독재를 평화롭게 실행하는 것이지, 이 프롤레타리아 독재를 자본주의 사회 개혁으로 대체하는 것이 아니다.

마르크스와 엥겔스 두 사람은 프롤레타리아가 정치권력을

장악해야 할 필연성 자체를 전혀 의심하지 않았다. 베른슈타인에게는 부르주아 의회주의의 닭장을, 거대한 세계사적 변혁을 이루고 사회를 자본주의 형태에서 사회주의 형태로 이행시키는 소명을 받은 기관으로 여기는 일이 예정되어 있다.

특히 베른슈타인은 오로지 프롤레타리아가 너무 일찍 정권을 장악하는 것에 대한 두려움과 경고로 자신의 이론을 시작한다. 요컨대 베른슈타인에 따르면, 이런 경우 부르주아적인 상태를 있는 그대로 가만히 놔두어야 하며, 스스로 끔찍한 패배를 견뎌내야 한다는 것이다. 무엇보다도 이러한 두려움과 관련하여 분명한 사실은 베른슈타인의 이론이 프롤레타리아가 정권을 장악할 수 있는 상황에서도 잠이나 자라는 '실천적' 지침만을 프롤레타리아에게 주고 있을 뿐이라는 점이다. 따라서 그의 이론에는 즉각적으로, 프롤레타리아에게 가장 결정적인 투쟁 상황에서도 행동하지 말 것을 강요하는, 다시 말하면 자신의 문제에 수동적으로 대처함으로써 스스로를 배신하도록 만드는 관점이 들어 있다.

만약 우리가 우발적인 모든 경우와 투쟁의 모든 순간에 우리의 모든 강령을 실제로 사용할 수 없다면, 특히 강령을 집행함으로써——강령을 집행하지 않음으로써가 아니라——그것이 우리에게 도움이 되지 않는다면, 그런 강령은 쓸데없는 휴지 조각일 것이다. (사실 그렇다!) 어떻든 우리의 강령은 사회가 역사적으로 자본주의에서 사회주의로 발전하는 것을 서술해야 한다. 강령은 이러한 발전의 모든 이행 단계를 분명히 서술하고, 이것을 축약적으로 포함하고 있어야 하며, 또한 매 순간마다[200] 사회주의로 나아가는 데 적절한 태도를 지시해줄 수 있어야 한다. 따라서 한순간도 프롤레타리아가 자신의 강령을 방치하도록 강요되거나, 이 강령에서 프롤레타리아가 배제되도록 강요될 수 없다.

　이러한 사실은 실천적으로 프롤레타리아가 자신의 강령을 실현하기 위한 어떤[201] 수단, 즉 사회주의로 이행하기 위한 어떤[202] 방법을 제대로 찾을 능력도, 찾으려는 의무감도 없는 상황에서, 저절로 정권을 잡게 되는 순간은 있을 수 없음을 보여준다. 사회주의 강령은 프롤레타리아가 정치적으로 지배하게 되는 순간(즉 베른슈타인적인 관점에서 프롤레타리아와 그 대변자가 의회에서 지배적인 위치에 있게 된다면—옮긴이 주) 완전히 포기될 수 있으며, 심지어 프롤레타리아가 스스로를 실현하는 데 어떠한 지침도 줄 수 없다는 주장 뒤에는 사회주의 강령은 결코 한순간도 실현될 수 없다는 다른 주장이[203] 숨어 있다.

　만약 사회주의로 이행하기 위한 방법들이 너무 시기상조라면 어떻게 해야 하는가? 이 질문은 사회변혁을 실제로 진행하는 것과 관련하여 한 타래의 엉클어진 오해를 담고 있다.

　무엇보다도 프롤레타리아, 즉 다수의 대중 계급은 인위적으로 국가권력을 장악할 수 없다. 그것은 파리코뮌의 경우처럼 프롤레타리아가 목적을 가지고 투쟁한 결과 지배권을 장악한 것이 아니라 예외적으로 모두에게 버림받은 주인 없는 물건이 넝쿨째 굴러들어오는[204] 경우를 제외한다면, 경제적·정치적 관계들이 일정한 성숙도에 도달할 것을 전제로 한다. 여기에는 한편으로 언제라도 갑작스럽게, 그래서 항상 부적절한 시기에 시도되는 '결단력 있는 소수'에 의한 블랑키주의적인 국가 전복과, 다른 한편으로 다수의, [특히] 그 자체로 부르주아 사회에서 시작되고 있는 붕괴의 산물일 수밖에 없으며, 따라서 적절한 시기에 나타날 수밖에 없는 경제적·정치적 정당성을 스스로 담지하는 계급의식을 가진 대중에 의한 국가권력 장악 사이의 중요한 차이가 있다.

따라서 노동자 계급이 정치권력을 장악하는 것이 사회적 전제라는 관점에서 볼 때 결코 '시기상조'일 수 없다 하더라도, 다른 한편으로 정치적 결과라는 관점에서는, 다시 말해 권력을 확고하게 유지한다는 관점에서는 필연적으로 '시기상조'일 수밖에 없다. 베른슈타인은 혁명이 너무 빨리 발생할 수 있다는 것에 불안해하는데, 이러한 시기상조의 혁명은 다모클레스의 검das Damoklesschwert[205]처럼 우리를 위협한다. 어떠한 탄원과 기도도, 또 근심과 경고[206]도 이러한 위협에 대항해 우리를 도와주지 않는다. 이것은 매우 간단한 두 가지 이유 때문이다.

첫째, 사회가 자본주의 질서에서 사회주의 질서로 이행하는 거대한 변혁은 결코 한 번에, 즉 프롤레타리아의 승리에 찬 한 번의 타격으로 이루어질 수 없다. 이것이 가능하다고 전제하는 것은 다시금 순수 블랑키주의적인 견해를 드러내는 것이다. 사회주의의 변혁은 길고도 힘든 투쟁을 전제하며, 여기에서 프롤레타리아는 외관상 한 번 이상 격퇴되며, 그래서 전체 투쟁의 최종 결과라는 관점에서 이야기할 때, 필연적으로 첫 번째 혁명의 정권 장악은 '시기상조'였던 것으로 여겨진다.

둘째, 무엇보다도 국가권력을 장악하는 것이 '시기상조'인 것은 피할 수 없는 일인데, 왜냐하면 프롤레타리아의 이러한 '시기상조'의 공격이 바로 그 자체로 최종적인 승리를 위한 정치적 조건들을 형성하는 데 매우 중요한 요소이기 때문이다. 이것이 바로 또한[207] 최종 승리의 시점을 정하는 데 기여한다. 이런 관점에서 볼 때, 노동자 대중이 정치권력을 장악하는 것이 시기상조라는 개념[208] 그 자체는 정치적으로 불합리한 생각이며, 이러한 생각은 사회 발전을 기계론적으로 인식할 때 발생하며 계급투쟁에서 승리하게 되는 특정 시점을 계급투쟁의 외부에 그리고 계급투쟁과는 독립적으로 전제한다.

따라서 프롤레타리아는 국가권력을 '시기상조'와는 다른 어떤 방식으로도 장악할 수 없기 때문에, 달리 말해서 결국 프롤레타리아가 국가권력을 지속적으로 쟁탈하기 위해서는 반드시 한번[209] '시기상조일 때' 탈취해야만 하기 때문에, 그 '시기상조의' 권력 장악을 반대하는 것은 국가권력을 장악하려는 프롤레타리아의 노력 자체에 대한 반대이다.

따라서 [베른슈타인 이론]의 이러한 면에서 우리는 모든 길이 로마로 통하듯이, 논리적으로 그[210] 최종 목표를 포기하라는 베른슈타인의[211] 지침이 전체 운동을 포기하라는 다른 지침으로 귀결되는 것을 본다. [권력 장악의 상황에서 '잠을 자라'는 사회민주주의에 대한 그의 충고는 다른 말로 하면, 지금 그리고 영원히 잠을 자라, 즉 계급투쟁을 포기하라는 것과 같은 것이다.]

4. 붕괴

베른슈타인은 자본주의 붕괴론을 포기하면서 사회민주주의 강령을 수정하기 시작했다. 그러나 부르주아 사회가 붕괴하는 것은 과학적 사회주의의 초석이기 때문에 이러한 초석을 제거한다는 것은 논리적으로 사회주의에 관한 베른슈타인의 모든 견해를 붕괴시킬 수밖에 없다. 논쟁을 진행시키면서, 그는 자본주의 붕괴론을 포기한다는 자신의 첫 번째 주장을 유지하기 위해 사회주의에 대한 입장을 차례로 포기한다.

자본주의가 붕괴하지 않고는 자본가 계급의 소유를 전유한다는 것은 불가능하다 —— 베른슈타인은 이것을 포기하고 '협동조합주의 원칙'을 점진적으로 도입하는 것을 노동운동의 목적으로 제시한다.

그러나 협동조합주의는 자본주의 생산이 진행되는 중에는 관철될 수 없다 —— 베른슈타인은 생산의 사회화를 거부하고 상업의 개혁, 즉 소비자 연맹을 생각한다.

그러나 소비자 연맹과 노동조합을 통한 사회변혁은 자본주의 사회의 실질적인 물질적 발전과 조화되지 않는다 —— 베른슈타인은 유물론적 역사관을 포기한다.

그러나 경제 발전이 진행되는 것에 관한 그의 견해는 마르크스의 잉여 가치법칙에 부합하지 않는다 —— 베른슈타인은 잉여 가치법칙과 가치법칙, 즉 마르크스의 경제 이론을 모두 포기한다.

그러나 현 사회에서 최종 목표를 규정하지 않고, 또 경제적 토대 없이 프롤레타리아의 계급투쟁이 수행될 수는 없다 —— 베른슈타인은 계급투쟁을 포기하고 부르주아 자유주의와 타협할 것을 전파한다.

그러나 계급사회에서 계급투쟁은 전적으로 당연한 것으로 피할 수 없는 현상이다 —— 베른슈타인은 더욱 일관되게 우리 사회에 계급이 존재한다는 것에 이의를 제기한다. 즉 그가 보기에 노동자 계급은 정치적·정신적·경제적으로 뿔뿔이 흩어져 있는 한 무리의 개인들에 불과하다. 또한 그에 따르면 부르주아는 내적인 경제적 이해관계를 통해서가 아니라, 위로부터든 아래로부터든 외적인 압력을 통해서 정치적으로 결속된다.

그러나 계급투쟁을 위한 경제적인 토대도, 근본적으로 계급도 존재하지 않는다면, 부르주아에 대한 프롤레타리아의 투쟁은 앞으로뿐만 아니라 지금까지도 불가능한 것으로 보이며, 따라서 사회민주주의 자체가 성공하리라는 것도 이해할 수 없는 것으로 여겨진다. 그러나 그렇지 않으면 사회민주주의는 동시에 정치적인 압박의 결과로 이해될 뿐이다. 즉, 사회민주주의는 역사 발전의 법칙에 상응하는 결과가 아니라 호엔촐레른 왕조가 발전하면서 나타나게 된 우연의 산물로, 다시 말해 자본주의 사회의 적법한 자식이 아니라 반동의 사생아로 파악된다. 그래서 베른슈타인은 논리상 필연적으로 유물론적 역사 인식에서 〈프랑크푸르터 차이퉁Die Frankfurter Zeitung〉과 〈포시쉐 차이퉁Die Vossische Zeitung〉식의 역사 인식에 이른다.

자본주의 사회에 대한 모든 사회주의적인 비판과 관계를 끊을 것을 맹세한 사람에게 남는 것은 최소한 기존의 것을 대체로 만족스럽게 생각하는 것뿐이다. 그래도 베른슈타인은 이러한 사실에 개의치 않는다. 즉 그는 지금 독일에서 반동이 그다지 강하다고 생각하지 않으며, "마찬가지로 서유럽 국가들에서도 정치적 반동을 크게 감지할 수 없고", "서구의 거의 모든 국가에서 사회주의적 노동운동에 대한 부르주아 계급의 태도는 방어적이지, 전혀 억압적이지 않다"(《전진》, 1899년 3월 26일 자)고 주장한다. 노동자들은 빈민이 된 것이 아니라[212] 오히려 그 반대로 계속 부유해지고 있고, 부르주아는 정치적으로 진보적이며 게다가 도덕적으로 건전하고, 반동과 억압을 전혀 보이지 않는다고 한다 ── 결국 세계의 가장 훌륭한 이런 나라들에서 모든 것이 최선으로 잘 진행되고 있다고 한다.

그래서 베른슈타인은 처음부터 끝까지 완벽한 논리와 일관성을 보인다. 그는 사회민주주의 운동을 위해서 사회주의의 최종 목표를 포기하는 것으로 시작했다. 그러나 실제로 최종 목표가 없다면 어떤 운동도 있을 수 없기 때문에, 필연적으로 그는 그 운동 자체도 포기하는 것으로 끝난다.

이와 함께 베른슈타인의 사회주의적 견해는 모두 붕괴되었다. 이제 베른슈타인에게는 마르크스 체계의 훌륭하고 균형 잡힌 놀라운 축조물이 커다란 쓰레기 더미가 되었다. 이것은 모든 이론 체계의 파편들, 크고 작은 모든 정신들의 사유 조각이 모여 있는 공동묘지다. 마르크스와 프루동Pierre Joseph Proudhon, 부흐Leo von Buch, 오펜하이머, 랑게Friedrich Albert Lange, 칸트Immanuel Kant, 프로코포비취Prokopowitsch와 노이파우어Ritter von Neupauer 박사, 헤르크너Herkner와 슐체개퍼니츠Schulze-Gävernitz, 라살과 볼프Julius Wolf 교수——이들 모두 베른슈타인의 체계에 한 조각 기여를 했으며, 베른슈타인은 이들 모두에게서 한 수 배웠다. 이것은 놀라운 일이 아니다! 그는 계급의 관점을 떠나면서 정치적 나침반을 잃어버렸다. 다시 말해 그는 과학적 사회주의를 포기하면서 정신을 결정체로 만들기 위한 축, 즉 각각의 개별적인 사실들을 하나의 일관된 세계관의 유기적인 전체로 체계화하는 축을 상실했다.

가능한 모든 체제의 파편들을 무차별적으로 뒤죽박죽 섞어놓은 이러한 이론은 얼핏 어떤 편견도 담고 있지 않은 것처럼 보인다. 또한 베른슈타인은 '정당론(政黨論)', 더 올바르게 말해 계급론에 관해서는 아무것도 들으려고 하지 않으며, 계급 자유주의Klassenliberalismus, 계급도덕에 관해서도 전혀 듣고 싶어 하지 않는다. 그는 추상적 보편 인간학, 추상적 자유주의, 추상적 도덕을 대변하고자 한다. 그러나 현실 사회는 대립되는 정반대의 이익과 지향점과 견해를 가진 계급으로 구성되어 있기 때문에, 사회 문제에서 보편 인간학, 추상적 자유주의, 추상적 도덕은 당분간 환상이며, 자기 기만이다. 베른슈타인이 보편 인간학, 민주주의와 도덕으로 여기고 있는 것은 단지 지배적인 학문, 즉 부르주아 학문, 부르주아 민주주의, 부르주아 도덕에 불과하다.

사실상 그렇다! 그가 브렌타노Lujo Brentano, 뵘-제본스, 세이Jean-Baptiste Say, 볼프의 학설을 따르기 위해, 마르크스의 경제 체계와 결별할 것을 맹세한다면, 그가 할 수 있는 것은 노동자 계급을 해방시키기 위한 학문의 기초를 부르주아 옹호론과 바꿔치기하는 것 말고 또 무엇이 있겠는가? 그가 자유주의의 인간의 보편적 특성에 관해 이야기하고 사회주의를 자유주의의 변종으로 바꿔버릴 때, 그가 할 수 있는 것은 사회주의에서 계급적 성격, 즉 역사적인 내용을, 하여튼 모든 내용을 제거하고, 이와 함께 반대로 자유주의의 역사적 담지자인 부르주아를 인간의 보편적 이해의 대변자로 만드는 것 이외에 또 무엇일 수 있겠는가?

그리고 사회민주주의가 '물질적 요소들을 발전을 추진하는 전능한[213] 힘으로 고양시키는 것'에 반대해서, 다시 말해 '관념을 무시하는 것'[214]에 반대해서 싸움터에 나올 때, 또 관념론, 도덕을 변호하면서 프롤레타리아가 도덕적으로 부활하는 유일한 원천인 혁명적 계급투쟁에 반대하는 데 열중할 때, 그는 근본적으로 노동자 계급의 도덕과는 다른 부르주아 도덕의 핵심인 기존 질서와 타협하고 인류적 가상 세계 저편에 대한 희망을 설파하는 것 말고 다른 무엇을 하겠는가?

마침내 그가 자신의 가장 날카로운 화살촉으로 변증법을 겨냥할 때, 프롤레타리아의 계급의식을 고양시키는 고유한 사유법칙에 대항해 투쟁하는 것 말고 다른 무엇을 하겠는가? 프롤레타리아가 자신의 역사적인 미래의 암울함을 베어 버리는 데 도움을 주는 칼에 대항해, 또 비록 프롤레타리아가 물질적으로는 여전히 구속받고 있지만 그럼에도 불구하고 부르주아를 무찌르는 정신적 무기에 대항해 투쟁하는 것 외에 다른 무엇을 하겠는가? 왜냐하면 프롤레타리아는 부르주아에게 그들이 일시적인 존재라는 것을 확인시키고 프롤레타리아가 필연적으로 승리할 것임을 증명함으로써 이미 정신의 왕국에서 혁명을 수행했기 때문이다! 베른슈타인은 변증법에 작별을 고하고 '한편으로는-다른 한편으로는', '비록 그렇지만-그러나', '비록 그럴지라도-그럼에도', '많든-적든'과 같은 사유의 그네를 가지고, 완전히 일관되게 역사적으로 조건지어진 몰락하는 부르주아의 사유 방식에 빠진다. 다시 말해 부르주아의 사회적 존재와 정치적 행위를 정신적으로 충실하게 반영한 사유 방식에 빠진다. 현재 부르주아(카프리피Leo Graf von Caprivi,[215] 호엔로에Chlodwig Fürst zu Hohenlohe-Schilling-sfürst,[216] 베를렙쉬Hans Hermann Freiherr von Berlepsch,[217] 포자도브스키-배너,[218] 2월 칙령Februarer-lasse,[219] 강제수용에 관한 안건Zuchthausvorlage[220])의 정치적으로 '한편으로는-다른 한편으로는', '의혹과 다른 의견'은 바로 베른슈타인의 사유 방식과 똑같은 것으로 보인다. 그래서 베른슈타인의 사유 방식은 그가 가지고 있는 부르주아적 세계관을 가장 날카롭고도 확실하게 보여주는 특징이다.

또한 베른슈타인에게는 이제 '부르주아적bürgerlich'이라는 단어는 계급의 표현이 아니라 보편사회의 개념이다. 또한 이것은 그가 논리적으로 최후의 순간까지 프롤레타리아의 과학, 정치학, 도덕, 사유 방식과 함께 프롤레타리아의 역사적 언어를 부르주아의 역사적 언어로 바꿔치기했다는 것을 의미할 뿐이다. 베른슈타인은 '시민Bürger'이라는 말로 부르주아와 프롤레타리아 모두를 무차별적으로, 즉 인간 그 자체로 이해하는데, 실제로 그에게는 인간 그 자체가 부르주아로, 인간 사회가 부르주아 사회와 같은 것이 되었다.

〔누군가 베른슈타인과 논쟁을 시작하면서, 사회민주주의의 과학적 무기 창고에 들어 있는 논변을 가지고 그를 설득해 다시 {사회민주주의} 운동으로 되돌아오게 할 수 있기를 희망했다면, 이러한 희망은 완전히 버려야만 한다. 왜냐하면 이제 더 이상 두 사람에 대해서 같은 용어가 같은 개념을 나타내지 않으며, 같은 개념이 같은 사회적 사실을 표현하지 않기 때문이다. 베른슈타인과의 논쟁은 두 개의 세계관, 두 개의 계급, 두 개의 사회 형태 간의 논쟁이 되었다. 이제 베른슈타인과 사회민주주의는 완전히 서로 다른 지반 위에 서 있다.〕

5. 이론과 실천에서의 기회주의

베른슈타인의 책은 독일 노동운동과 국제 노동운동에서 커다란 역사적 의미를 지닌다.[221] 이것은 당[222] 내의 기회주의 조류들에게 이론의 바탕을 제공하는 최초의 시도였다.

기회주의적 조류는 우리의 운동에서 유명한 증기선 보조금 문제[223]에서처럼 산발적으로나마 나타난 것을 고려하면 좀 더 오래전으로 거슬러 올라간다. 기회주의는 분명한 통일적인 한 조류라는 의미로 1890년대 초 사회주의자 탄압법[224]이 폐지되고 합법적 {투쟁} 기반을 복원한 후에야 비로소 시작한다. 폴마Geor von Vollmar의 국가사회주의,[225] 바이에른의 예산안 표결,[226] 남부 독일의 농업 사회주의,[227] 하이네Wolfgang Heine의 보상안,[228] 마지막으로 관세와 민병대에 관한 쉬펠Max Schippel의 입장,[229] 이러한 것들이 기회주의적 실천의 발전에서의 이정표들이다.

무엇보다 이들의 외적 특징은 무엇인가? 그것은 '이론'에 대한 적개심이다. 그리고 이것은 아주 당연한데, 왜냐하면 우리의 '이론', 즉 과학적 사회주의의 기본 원칙들은 실천적 활동에서 지향하는 목표뿐만 아니라 사용되어야 할 투쟁 수단과 투쟁 방식 자체도 매우 단호하게 한정한다. 따라서 그저 실천적 성공만을 추구하고자 하는 사람은 자연히 자신의 손을 자유롭게 하려는, 즉 우리의 실천을 '이론'에서 분리해 이론과는 독립적으로 만들려는 경향을 보인다.

그러나 이 이론은 모든 실천적 시도에서 기회주의자들의 머리에 타격을 가했다. 즉 국가사회주의, 농업사회주의, 보상 정책, 민병대 문제는 기회주의에게는 똑같이 패배였다. 기회주의적 조류가 우리의 기본 원칙들에 대항해 자신의 입지를 주장하려는 경우, 이론 자체, 즉 기본 원칙들을 무시하는 대신, 감히 그 기본 원칙들에 다가가 이것을 와해시키고자 시도하면서 자신의 이론을 정립할 수밖에 없다는 것은 자명하다. 이러한 시도 중 하나가 바로 베른슈타인의 이론이었다. 따라서 우리는 슈투트가르트 전당 대회230에서 모든 기회주의 분자들이 즉각 베른슈타인의 기치 아래 몰려드는 것을 보았다. 한편으로 기회주의 조류가 실천의 측면에서 우리의 투쟁의 조건과 그 발전에 비추어 설명될 수 있는 매우 자연스러운 현상이라고 한다면, 다른 한편 기회주의적 조류들을 하나의 일반 이론적인 표현으로 통합하고, 그 나름대로의 이론적 전제를 이끌어내 과학적 사회주의와 관계를 청산하려는 시도인 베른슈타인의 이론도 마찬가지로 자연스러운 현상이다. 따라서 베른슈타인의 이론은 무엇보다도 기회주의에게는 이론의 시험대였으며, 최초의 학문적 정당화였다.

이제 이러한 시험의 결과는 무엇인가? 우리는 이미 그 결과를 보았다. 어떤 식으로든231 기회주의는 비판을 극복할 수 있는 긍정적인 이론을 제시할 수 없다. 기회주의가 할 수 있는 것은 처음에는 마르크스 이론을 여러 가지 개별적 기본 원칙들과 관련해 비판하고, 마지막으로 맨 꼭대기 층에서 지하까지 체제 전체를 파괴하는 것이다. 왜냐하면 마르크스의 이론은 서로 견고하게 얽힌 축조물이기 때문이다. 이와 함께 기회주의적 실천은 본질적으로, 즉 본바탕에서부터 마르크스 체계와 양립할 수 없음이 증명되었다.

더 나아가 다음의 사실도 증명되었다. 즉 기회주의는 사회주의 자체와도 양립될 수 없으며, 기회주의에는 노동운동을 자본주의의 방향으로 이탈하도록 몰아가는, 다시 말해 프롤레타리아 계급투쟁을 완전히 마비시키는 내적인 경향이 있다. 물론 프롤레타리아 계급투쟁이 역사적으로 볼 때 마르크스 체계와 완전히 일치하는 것은 아니다. 노동운동과 여러 가지 사회주의 체계는 마르크스 이전에 그리고 마르크스와는 무관하게 존재했다. 이 각각은 나름대로 각 시대 상황에 〔완전히〕 적절하게 노동자 계급을 해방시키려는 이론의 표현이었다. 도덕적 정의 개념으로 사회주의를 정당화하는 것, 생산 방식 대신 분배 방식에 반대하는 투쟁, 계급의 대립을 빈부의 대립으로 파악하는 것, 자본주의 경제에 '협동조합주의'를 접붙이려는 시도, 이러한 모든 것이 베른슈타인의 체계에서 발견되는데, 이러한 것들은 이미 한 번은 이야기되었던 것들이다. 이 이론들은 불완전했지만, 이 이론이 나온 시대에는 프롤레타리아 계급투쟁을 위한 현실적인 이론들이었다. 이것들은 커다란 아동용 신발이었는데, 프롤레타리아는 이 신발을 신고 역사의 무대로 진군하는 법을 배웠다.

그러나 일단 계급투쟁 자체와 이를 위한 사회적 조건이 발전함에 따라 이 이론들이 폐기되고 과학적 사회주의의 기본 원칙들이 형성된 후——최소한 독일에서는——마르크스 사회주의 이외의 어떤 사회주의도, 또 사회민주주의 외부에서는 그 어떤 사회주의 계급투쟁도 존재할 수 없게 되었다. 이제는 사회주의와 마르크스주의, 프롤레타리아 해방 투쟁과 사회민주주의는 같은 것이다. 따라서 오늘날 마르크스 이전의 사회주의 이론을 다시 취하는 것은 결코 프롤레타리아의 커다란 아동용 신발로 돌아간다는 의미가 아니다. 대신 그것은 부르주아의 왜소하고 오래 신어서 늘어난 실내화 속으로 떨어지는 것이다.

베른슈타인의 이론은 기회주의에게 이론의 바탕을 마련하려는 최초이자 최후의 시도였다. 우리가 이것을 최후의 시도라고 말하는 것은, 베른슈타인 체계는 부정적으로 보든——과학적 사회주의와 관계를 끊는다는 맹세에서 보듯이——긍정적으로 보든——이용할 수 있는 모든 이론을 혼란스럽게 뒤죽박죽 섞어 놓았다는 점에서——기회주의에게 더 이상 아무런 할 일도 남겨놓지 않았기 때문이다. 베른슈타인의 저서와 함께 기회주의는 이론적 발전을 종결지었으며〔실천적인 면에서는 군국주의 문제에 대한 쉬펠의 입장이 그랬던 것처럼), 마지막 책임을 완수했다.

마르크스의 이론은 기회주의를 이론적으로 논박할 수 있을 뿐만 아니라, 또한 마르크스의 이론만이 기회주의를 당이 발전하는 데서 나타나는 역사적 현상으로 설명할 수 있다. 사실상 승리를 향한 프롤레타리아의 세계사적 전진은 '그렇게 간단한 일'이 아니다. 역사상 최초로 대중이 스스로 모든 지배계급에 대항해서 자신의 의지를 관철해야만 하며, 이 의지를 현 사회의 저편으로, 즉 현 사회를 초월해 밀고 나가야 한다는 데 이 운동의 모든 특수성이 있다. 그러나 대중은 다시금 이러한 의지를 오로지 기존 질서와 끊임없이 투쟁함으로써만, 즉 기존 질서의 틀 속에서만이 완전하게 성취할 수 있다. 대다수 민중을 모든 기존의 질서를 초월하는 목표와 결합시키는 것, 일상적인 투쟁을 위대한 세계 개혁과 결합시키는 것, 바로 이것이 사회민주주의 운동의 큰 문제다. 사회민주주의 운동은 분명 그 발전의 전체 과정에서 두 개의 난관 사이를, 즉 대중적 성격을 포기하는 것과 최종 목표를 포기하는 것, 다시 말해 이단적 분파로 떨어지는 것과 부르주아 개혁 운동으로 변하는 것, 또 무정부주의와 기회주의 사이를 헤치고 앞으로 나아가야만 한다.

물론 마르크스의 이론은 이미 50년 전에 그 자체의 이론적 무기 창고에서 무정부주의와 기회주의에 대항할 수 있는 강력한 무기를 제공했다. 그러나 우리의 운동은 바로 대중운동이며, 우리의 운동을 위협하는 위험은 인간의 머리가 아니라 사회적 조건에서 오기 때문에, 무엇보다도 마르크스 이론으로 단 한 번에 무정부주의적, 기회주의적 탈선을 사라지게 할 수는 없다. 즉 이들은 우선 실천의 영역에서, 즉 운동 자체를 통해서 육신을 얻는데, 그 후에는 오직 마르크스가 제공하는 무기의 도움으로만 이들을 극복할 수 있었다.[232] 이미 사회민주주의는 좀 더 작은 위험인 무정부주의적 소아 홍역을 '독립파 운동'[233]으로 극복했다. 더욱 큰 위험——기회주의적 갈증——을 현재 사회민주주의는 극복하고 있다.

　최근 몇 년 동안 운동이 폭넓고 거대하게 성장함에 따라 투쟁할 수 있는 조건과 과업이 복잡해졌다. 이와 함께 위대한 최종 목표를 달성하는 것과 관련해 운동에서 회의주의가 나타나고, 운동의 이념적 요소와 관련해 동요되는 순간이 올 수밖에 없었다. 바로 그렇기 때문에 위대한 프롤레타리아 운동은 길을 잃을 수 있으며 또 잃을 것임에 분명하다. 그런데 마르크스의 이론은 동요와 공포의 순간에 놀라지 않는다. 오히려 마르크스는 이것을 오래전에 예견했고 예언했다. 그는 50년 전에[234] 다음과 같이 쓰고 있다. "부르주아 혁명은 18세기의 혁명처럼, 성공에서 성공으로 더욱 신속하게 돌진하며 그 극적인 효과들은 능력 이상을 발휘한다. 인간과 사물은 불덩어리 속에 휩싸여 있는 것처럼 보이며 매일매일 환희에 차 있다. 그러나 그 혁명들은 단명했으며, 곧 정점에 이르렀다.

사회가 자신의 질풍노도의 시기의 결과를 냉정하게 자기 것으로 만드는 것을 배울 때까지, 오랜 기간 비애가 그 사회를 휘어잡았다. 이에 반해 프롤레타리아 혁명은 19세기의 혁명처럼, 끊임없이 스스로를 비판하고 독자적으로 진행해나가는 가운데 계속 중단되며, 표면상 완성된 것처럼 보였던 것으로 되돌아와서 이것을 새롭게 다시 시작하고, 처음에 했던 시도의 불완전함, 약점 그리고 빈약함을 가혹하고 철저하게 경멸한다. 프롤레타리아 혁명은 마치 오로지 적이 땅에서 새로운 힘을 빨아들여 더욱 거대하게 다시 일어나서 저항하도록 하기 위해, 적을 패배시킨 것처럼 보인다. 또 자신의 고유한 목표의 무한한 거대함을 두려워하여 그 어떤 역전도 더 이상 불가능한 상태가 되어 상황이 다음과 같이 외칠 때까지 항상 새롭게 뒤로 물러난다.

여기가 로두스Rhodus다, 여기서 뛰어라!
여기가 장미다. 여기서 춤을 추어라!235

이것은 과학적 사회주의의 이론이 완성된 후에도 여전히 법칙으로236 남아 있다. 따라서 프롤레타리아 운동은 독일에서도 아직 단 한 번 사회민주주의적으로 되지 않았다. 프롤레타리아 운동은 매일 사회민주주의적이 '되어가고' 있다. 무정부주의와 기회주의로 극단적으로 이탈하는 것을 계속

해서 극복하는 동안에, 또 극복하면서 사회주의가 되어간다. 무정부주의와 기회주의, 이 두 가지는 과정으로 파악된 사회민주주의의 운동 계기들에 불과하다.

이렇게 볼 때, 기회주의적 조류가 등장하는 것이 아니라 오히려 이것이 약해지는 것이 놀라운 것이다. 단지 구체적인 당 실천의 경우에 기회주의적 조류가 돌발적으로 나타나는 한에서는 여전히 이 조류 배후에 무언가 진정한 이론적인 토대가 있지 않을까 추측할 수 있었다. 그러나 이제 그 조류가 베른슈타인의 저서에서 온전히 표현되면서, 모든 사람이 당황해서 다음과 같이 소리를 지를 수밖에 없다. '아니, 그것이 너희가 말하려고 한 전부였단 말인가? 새로운 생각은 털끝만큼도 없지 않은가! 마르크스주의가 이미 수십 년 전에 짓밟아 박살 내고 경멸하고 별 볼 일 없는 것으로 만든 생각뿐이라니.'

기회주의는 아무것도 말할 것이 없다는 것을 보여주기 위해 말했다는 것으로 충분했다. 그리고 이것이 베른슈타인의 저서가 당 역사에 가지는 진정한 의미이다.

그래서 베른슈타인은 혁명적 프롤레타리아의 사유 방식인 변증법과 유물론적 역사 인식과 결별했음에도, 이러한 변절을 허용하고 정상을 참작해서 죄를 가볍게 해주는 변증법과 유물론적 역사 인식에 감사해야 한다. 왜냐하면 변증법과 유물론적 역사 인식은 그 자체는 원래 관대한데, 베른슈타인을 소명된, 그러나 무의식적인 도구로——그것 때문에 앞으로 돌진하는 프롤레타리아가 자신의 일시적인 허약함을 드러내지만 결국 그 실체를 자세히 파악한 후에는 경멸하면서, 프롤레타리아 자신에게서 멀리 던져버리게 만드는——나타나게 했기 때문이다.

〔우리는 운동이 성장함에 따라 필연적으로 나타나는 무정부주의와 기회주의로의 이탈을 극복하는 동안에, 또 극복하면서 운동이 사회민주주의적으로 된다고 이야기했다. 그러나 극복한다는 것은, 모든 것이 신의 마음에 들도록 마음의 평화 속에서 나아가게 함을 의미하지 않는다. 현재의 기회주의적 조류를 극복한다는 것은 이것을 추방함을 의미한다.

베른슈타인은 당에게 과감히 현재의 모습 그대로, 즉 민주-사회민주주의 개혁정당eine demokratisch-sozialdemokratische Reformpartei으로 보이도록 하라고 충고하면서 자신의 책을 끝낸다. 당은, 다시 말해 당 최고 기관인 당 대회는 베른슈타인으로 하여금 그가 자신의 현재 모습 그대로, 즉 소부르주아-민주주의적 진보주의자로 스스로를 공개적으로 드러내게 함으로써 베른슈타인의 충고에 답해야만 한다는 것이 우리의 생각이다.〕

로자 룩셈부르크,
영원한 혁명가

1. 왜 로자를 읽는가

국가사회주의가 붕괴되고 사회주의의 위기가 당연하게 받아들여지고 있는 지금 이른바 '세계화 시대'에서 로자 룩셈부르크는 어떤 의미를 지니는가? 익히 알다시피, 룩셈부르크는 급진적 사회주의의 대변자이자 프롤레타리아 국제주의의 옹호자라고 할 수 있다. 이러한 룩셈부르크주의 Luxemburgismus를 어떻게 이해해야 할 것인가? 그것이 하나의 '사회주의적 대안'일 수 있는가? 만약 하나의 대안이라면, 그것은 어떤 의미를 가지는가?

오늘날 세계화는 지배적인 현상이고, 세계화의 이념적 지주로 신자유주의가 위세를 떨치고 있다. 그러나 다른 한편으로 세계화의 그늘도 더욱 짙어지고 있다. 더욱 커져만 가는 빈부 격차는 많은 국민에게 큰 고통이 되고 있으며, 국민의 통제에서 벗어난 경제 위기의 징후들도 곳곳에서 감지된다.

시장 만능을 강변하는 신자유주의가 이념적 대안이자 해결책일 수 없다는 인식도 커지고 있다.

나아가 이러한 상황은, 현재 세계 자본주의 체제에 대한 대안 사회의 물음을 다시금 소생시키고 있는 것처럼 보인다. 그 대안은 여전히 '사회주의'라는 개념을 중심으로 모색될 수밖에 없다. 현재 사회주의 실천이 난국에 처해 있고, 사회주의 이론이 위기에 봉착해 있는 것이 사실이라고 할지라도, 역사적으로 그리고 현재까지도 자본주의 체제에 대한 비판과 대안은 '사회주의'라는 실천적, 이념적 지표를 중심으로 모색되어왔기 때문이다.

그러나 현재 우리에게 대안으로 남아 있는 사회주의 이론의 자원은 과연 어떤 것인가? 이제까지 우리 앞에는 사회주의 실천의 두 가지 사례가 있다. 하나는 구소련과 동유럽 중심의 이른바 '국가사회주의' 노선이며, 다른 하나는 서유럽 사회민주당(노동당)을 중심으로 한 '사회민주주의' 노선이다. 이 두 노선이 지금까지의 사회주의 실천을 이끌어온 가장 중심적인 모델이다. 따라서 세계화 시대라는 또 하나의 위기의 시대에 사회주의의 대안 모색은, 기존의 이 두 '사회주의' 모델을 평가하는 데서 출발할 수밖에 없다.

이 두 가지 모델의 중요한 특성을 단순화시켜 말한다면, 서유럽 중심의 민주주의적 개량주의와, 구소련과 동유럽 중심의 권위주의적 공산주의라고 규정할 수 있다. 먼저 이른바

'국가사회주의' 또는 '현존 사회주의'라 지칭되었던 공산주의 체제는, 우리가 이미 알고 있듯이 민주주의적 통제가 부재하고 이 때문에 더욱더 경직된 계획경제 체제와 국민 대다수의 자율적 참여가 단절된 정치 체제의 문제점 때문에 붕괴되었다. 이러한 공산주의 체제의 핵심적 문제이자 붕괴의 궁극적 원인으로 작용한 것은 결국 민주주의의 결여 또는 부재였다고 할 수 있다. 다른 한편 서유럽을 중심으로 적어도 '복지국가의 위기'가 논의되고 광범위하게 확산된 1960년대 말에서 1970년대 초까지 사회민주주의 정당들은 정권에 참여하거나 야당으로, 의회민주주의의 틀을 통해 개혁 정책을 추구하고 합의의 정치를 통해 정당성을 창출하고 유지하는 데 어느 정도 성공을 거두었다. 그러나 '복지국가의 위기'가 도래한 후 최근의 세계화 시대에 이르기까지, 서구 사회민주주의 정당들은 점차 기존의 '사회주의'를 지향하는 데서 점차 벗어나는 경향을 보이고 있다. 최근 독일의 '신중도노선'과 영국의 '제3의 길'과 같은 움직임에서 뚜렷이 감지할 수 있는 것은, 그것 역시 지배적인 담론인 신자유주의에 영향을 받고 있다는 점이다. 결국 기존의 사회주의적 실험의 중요한 두 조류 모두 각각 특수한 한계가 있다고 평가된다.

따라서 이제 사회주의적 대안을 모색하는 우리의 질문은 민주주의적이면서도 개량주의적이지 않은, 이른바 '민주주의적 사회주의'의 대안은 존재하지 않는 것인가 하는 물음으로 압축된다. 즉 기존의 사회주의적 실험들——권위주의적 공산주의와 민주주의적 개량주의——의 한계를 극복하는 진정한 '제3의 길'은 존재하지 않는가이다. 오늘날 사회주의 위기의 시대에 다시금 우리가 룩셈부르크를 주목하고자 하는 이유는 바로 이러한 물음과 관련되어 있다.

룩셈부르크의 사회주의 또는 룩셈부르크주의는 국제 사회주의 운동의 역사에서 주류 마르크스주의 또는 '정통파' 마르크스주의에 의해 억압당한 특정한 마르크스주의였다. 즉 제2인터내셔널 시기(1889~1914)에, 룩셈부르크주의는 당시 정통파의 지위를 누리고 있었던 '카우츠키주의 Kautskyanismus'와 개량주의-수정주의 우파의 공세로 결국 고립되어 사회주의 운동에서 영향력을 행사하지 못하고 패퇴했다. 그리고 이어 레닌주의가 새로운 정통파로 부상한 시기에 룩셈부르크주의는 위험하고 결함 있는 이론으로, 왜곡되고 비난받고 배격되었다. 레닌과 룩셈부르크는 당의 조직 문제, 농업 문제, 민족 문제, 프롤레타리아 독재-민주주의 문제 등 많은 문제에서 의견이 달랐고, 양자 모두 서로를 비판했지만, 적어도 탁월한 혁명가이자 마르크스주의자로 서로를 인정하고 있었다고 볼 수 있다. 룩셈부르크의 주장이 왜곡되고 비난받게 된 것은 스탈린주의 시기였다. 레닌주의가 스탈린주의적으로 왜곡됨으로써 독일에서 룩셈부르크주의는 '트로츠키주의 Trotskismus'와 같은 것이 되었다. 룩셈부르크주의, 이것은 로자 룩셈부르크의 이른바 자발성 이론 Spontaneitätstheorie과 그 이론의 결과인 숙명론 ── 당의 지도적 역할을 부정하는 ── 으로 간주되었다. 당시 독일 공산당의 지도자였던 탤만Ernst Thälman에 따르면 "로자 룩셈부르크가 레닌과 다른 관점을 대변하는 모든 문제에서, 그녀의 견해는 잘못된" 것이었다.[237] 1950년대 초까지도 이러한 관점은 변함없이 지속되었다. 이렇듯 로자 룩셈부르크에 대한 인식의 역사에는 비난과 왜곡, 무시와 제한된 인정과 같은 부정적 평가가 지배적이었다. 단지 1960년대 말 유럽과 미국을 휩쓴 저항 운동과 '신좌파 운동'을 통해서 룩셈부르크에 대한 관심이 부활했을 뿐이다.

더구나 우리나라의 경우는 언급할 필요가 없을 정도다. 익히 알다시피 모든 진보적 운동과 이론을 '좌익'으로 규정하고 탄압하는 데 일조한 분단 모순의 시대 상황 속에서, 1980년대에 급진적인 이론들이 '비제도권' 급진 운동에 수용되기 시작했다. 그러나 모든 문화를 특징짓는 '지적 조급성'과 편향성, 사회주의 전통의 부재 또는 단절 그리고 세계 사회주의 운동에 대한 이해의 결여 등 부정적 요소가 그 수용 과정에도 영향을 미쳤다. 그리하여 당시 우리나라에 수용된 것은 특정한 마르크스주의, 즉 '성공한' 마르크스주의로서의 레닌주의, 더 정확하게 말한다면 스탈린주의적으로 독해되고 정당화된 '레닌주의'였다. 이러한 지적 토양 속에서, 레닌주의의 특정한 측면을 비판하고 자주 반레닌주의 자체와 동일시되어온 룩셈부르크주의가 풍부하게 소개되고 수용될 기반은 애초에 존재하지도 않았다. 나아가 구소련을 중심으로 한 현존 사회주의가 붕괴한 후, 특정 사회주의 조류뿐만 아니라 사회주의 그 자체에 대한 관심이 대체로 소멸했던 것이다.

룩셈부르크의 마르크스주의의 핵심적 면모를 한마디로 규정한다면, '마르크스주의적 반레닌주의'[238]의 선구적 형태라는 것이다. 물론 이러한 규정에는 논란의 여지가 있다. 왜냐하면 무엇보다도 레닌과 룩셈부르크 둘 다 혁명적 마르크스주의자였으며, 두 사람 사이의 견해가 일치했던 시기가 그렇지 않은 시기보다 더 많기 때문이다. 따라서 이렇게 규정하는 데는 단순화의 위험이 있다. 그러나 동시에 이러한 규정은 마르크스주의 역사에서 룩셈부르크가 차지하는 특정한 지위와 의의를 적절히 부각시키는 이점을 지닌다. 룩셈부르크는 변혁 전략, 조직론, 민주주의 문제 등에서 마르크스주의의 관점에서 마르크스주의를 쇄신하고자 했으며, 그 쇄신의 방향은 분명하게 레닌의 경향과 분명한 차이를 보인다. 레닌이 러시아적 토양의 영향과 당시 세계 사회주의 운동의 부정적 유산 속에서 권위주의적 마르크스주의의 맹아를 잉태하고 발전시켰다면, 반대로 룩셈부르크는 제국주의와 군국주의가 민중의 삶을 위협하는 새로운 역사적 상황에서 대중에 의한 급진적 민주주의-사회주의 실현이라는 마르크스주의 본래의 이상을 더욱 강조하고 발전시키고자 했다.

이 글에서는 특히 급진적 민주주의, 즉 "인민 대중, 특히 프롤레타리아 계급의 자발적인 동참에 바탕을 둔 '기초민주주의'"[239]의 이상을 중심으로 룩셈부르크가 마르크스주의적 사회주의 역사에서 지니는 의의를 강조하고 제시하고자 한다. 이러한 룩셈부르크주의의 중요한 특성은 사회주의의 위기가 당연시되고, 사회주의 대안을 향한 노력이 일정한 난국에 봉착해 있는 오늘날의 시점에서 각별한 의의를 지닌다. 오늘날 사회 변화와 사회 개혁을 지속적으로 추구하는 이들에게 부과된 중요한 과제 중 하나는, 사회주의의 역사를 반성적으로 재고찰함으로써 역사적으로 묻힌 마르크스주의 쇄신의 노력들을 재발견하는 것이다. 룩셈부르크에 대한 논의는 이처럼 잊혀진 역사적 유산을 발굴하기 위한 시도라는 의미를 지닌다. 아래에서는 룩셈부르크가 중심 대상으로 삼아 투쟁한 수정주의와의 투쟁, 급진적 민주주의 옹호, 프롤레타리아 국제주의의 옹호라는 주제들을 중심으로, 룩셈부르크주의의 특징적 면모를 제시하고자 한다.

2. 로자 룩셈부르크의 생애

로자 룩셈부르크는 1871년 5월 3일 폴란드의 남동쪽 자모치 지방에서 태어났다. 그녀의 가정은 자유주의적 지적 분위기를 지닌, 경제적으로 어느 정도 유복한 집안이었다. 가족이 바르샤바로 이주한 후 그녀는 독일 부르주아적 전통의 영향과 동유럽 유대인의 코스모폴리타니즘의 영향을 받으면서 성장했다. 이러한 영향은 그녀의 다국어 능력에 나타난다. 그녀는 폴란드어, 러시아어, 독일어, 프랑스어를 유창하게 말하고 썼으며, 영어와 이탈리아어를 아주 잘했다. 로자의 정치적 정향에 영향을 미친 지적 분위기는 우선 유대적-부르주아적 분위기였다. 그러나 이어서 점차 국제주의적인 분위기와 나아가 프롤레타리아적-혁명적 분위기가 영향을 미쳤다. 익히 알다시피 당시 폴란드의 정치 경제적 상황은 억압과 착취로 특징지을 수 있었다. 당시 폴란드는 산업 발달이 미약한 상태였으며 정치 지배는 절대주의적이고 전(前)자본주의 방법을 통한 억압과 탄압으로 일관되었다. 이러한 억압적인 정치 환경은 그녀의 정치적 활동의 출발점이 되었다.

허약하고 어릴 적 앓았던 엉덩이 통증으로 잘 걷지 못했던 그녀는 불과 열여덟에 유대 혁명 서클에 가담한 후 반정부 활동에 참여했다. 이 최초의 급진적인 정치 정향은 스위스 취리히로 오고 난 후 더욱 강해졌다. 이곳에서 룩셈부르크는 폴란드 산업 발전에 관한 박사 학위논문을 썼다. 다양한 학문에 재능이 있었지만 룩셈부르크는 정치를 직업으로 택하고, 1898년 당시 제2인터내셔널의 가장 큰 정당인 독일 사회민주당에 영향을 미칠 것을 결심하게 된다. 룩셈부르크는 1898년 독일 사회민주당 슈투트가르트 전당 대회에서 공식적으로 등장해 이후 독일 사회민주당 내에서 점차 명성을 얻게 된다.

1905년 러시아 혁명은 그녀의 입장을 급진화시키는 계기가 되었다. 동시에 그녀는 1907년 이래 인터내셔널 내에서 더욱 큰 영향력을 발휘하게 된다. 그리하여 1911년 이래 인터내셔널 사회주의국의 구성원이 된다. 그사이 룩셈부르크는 이미 당시 권위주의적 군주국가의 가장 미움받는 적대자로 부각되었으며, 인민의 다수를 무력 활동에 끌어들였다는 죄목으로 1906년에 두 달의 금고형을 선고받았다. 또 1914년 2월 반군국주의 연설을 한 죄목으로 기소되어 1년 징역형을 선고받아 1915년 3월에 구속되었다. 1916년 2월 일시적으로 출옥했지만, 1916년 7월 이후 1918년 11월 8일까지 다시 '보호관찰' 처분에 맡겨진다. 그러나 이러한 투옥과 박해의 와중에서도 그녀는 정치 활동을 멈추지 않았다. 그녀는 당시 개량주의적이고 관료적인 독일 사회민주당을 비판하면서 급진 좌파 세력을 이끌었으며, 이어 결성된 스파르타쿠스단Spartacus-Bund의 지도부에 참여했다. 룩셈부르크는 스파르타쿠스단 기관지인 《적기Roter Fahne》에 글을 기고했고, 1918년 12월 말, 독일 공산당 창립 총회에서 강령 연설을 했다. 그리고 1919년

1월에 일어난 이른바 스파르타쿠스 반란을 지원했다.

그러나 룩셈부르크나 리프크네히트Karl Liebknecht와 같은
혁명가들은 이미 여러 반혁명 기관에서 자금을 받고 있는 수
많은 첩자들에게 쫓기고 있었다. 그들에게는 거액의 현상금
도 걸려 있었다. 1919년 1월 15일 밤 의용군단에 체포될 당
시 룩셈부르크는 채 마흔여덟이 안 되었으며, 심한 욕설을
듣고 총의 개머리판으로 머리를 강타당한 후 사살되었다.
시체는 운하 속으로 던져졌고 1919년 5월 31일까지 그 속
에 잠겨 있었다.240 이러한 박해와 암살의 운명은 당시 지도
적 혁명가였던 리프크네히트, 요기헤스Leo Jogiches, 하세Hugo
Hasse, 아이즈너Kurt Eisner 등도 마찬가지였다.

3. 개량주의-수정주의와의 투쟁, 사회 개혁이냐
   혁명이냐

룩셈부르크, 나아가 이후 모든 사회주의 운동이 직면하게
되는 두 가지 중요한 문제는, 개량주의-수정주의와의 투쟁,
그리고 민족주의-제국주의와의 투쟁이었다. 룩셈부르크는
먼저 당시에 부상하고 있던 개량주의-수정주의 조류를 격렬
하게 비판했다. 익히 알다시피 '개량주의Reformismus'와 '수정
주의Revisionismus'는 완전히 같은 개념은 아니다. 개량주의는

자본주의 체제 내에서의 점진적인 개혁을 옹호하는 실천적인 조류임에 반하여, 수정주의는 그러한 개량주의적 지향을 마르크스주의의 '수정'이라는 이론적인 관심 속에 융합시킨 좀 더 이론적인 표현이다. 단적으로 말한다면 개량주의는 경험적이고 수정주의는 이론적이다. 그러나 개량주의가 현존 사회국가 체제 내에서의 개혁 가능성을 신뢰하고 사회 개혁을 위한 점진적 방법을 옹호한다는 점에서, 기본적으로 베른슈타인과 '같은' 입장을 공유하고 있다고 할 수 있다.

개량주의의 조류는 1890년대의 경제적 부흥, 의회주의 실천의 지속적인 성공 등에 힘입어 당시 유럽 각국에서 빠르게 영향력을 넓히고 있었다. 당시의 국제 사회주의 운동에서 개량주의 논쟁을 촉발시켰던 유명한 계기는, 프랑스의 지도적 사회주의자의 한 사람이었던 밀랑Alexandre Millerand이 당시 집권 '부르주아' 정부였던 루소Waldeck-Rousseau 내각에 참여할 것을 권유받고 이에 응했던 사건, 이른바 '밀랑 사건'이었다.

그러나 개량주의적 관점에서 마르크스주의 이론에 본격적인 수정 문제를 제기했던 것은 바로 독일의 베른슈타인이었다. 당시 가장 중요하고 영향력 있던 마르크스주의자 중 한 사람이었던 베른슈타인은 당시의 경제-정치적 변화에 대한 관찰, 영국 체류 경험 등을 통해 19세기 말경에 이르러 수정주의로 전환하게 된다. 즉 베른슈타인은 1886년에서 1889년 사이 당시 카우츠키가 편집하고 있던 《새로운 시대》에 〈사회주의의 여러 문제〉라는 제목으로 수정주의 경향을 띤 일련의 글들을 발표하게 되었고, 이 글들은 1890년에 그의 주저로 알려진 《사회주의의 전제와 사회민주주의의 과제》라는 책으로 출간된다.241 이렇게 출간된 베른슈타인의 글은 광범위한 논쟁을 불러일으켰다. 베른슈타인에 대한 비판에 참여한 사람들만 해도 영국 사회주의자인 박스Belfort Bax, 독일 좌파 사회주의자 파르부스Parvus,242 카우츠키, 플레하노프, 로자 룩셈부르크 등 당시의 주요 사회주의자들을 망라했다. 그만큼 베른슈타인의 글이 제기한 충격과 도발적인 함의는 컸다. 이 베른슈타인의 수정주의에 대한 로자 룩셈부르크의 응답이 〈사회 개혁이냐 혁명이냐〉이다.

익히 알다시피 베른슈타인은 자신의 일련의 글들에서 자본주의의 경제 위기가 심화되어 결국 붕괴하게 될 것이라는 당시의 카우츠키를 필두로 하는 '정통적' 견해를 배격했다. 대신 베른슈타인이 제시한 관점은 일종의 '사회주의로의 점진적 성장'이었다. 중간 계층은 일거에 무너지지 않으며, 사회의 양극화 가정은 잘못된 것이다. 위기가 심화됨으로써 자본주의가 붕괴할 것이라는 가정 역시 잘못된 것이다. 반대로 자본주의는 개혁 가능성을 보유하고 있다. 보통선거권 확대를 통한 정치적 민주화, 그리고 입법 과정을 통한 민주주의 확대과정은 자본주의 사회를 점진적으로 '사회주의적인'

상태로 이끌어갈 것이다. 이상이 베른슈타인의 '점진적 성장론'의 개요라고 할 수 있다.

베른슈타인은 '사회주의'가 생산수단의 사회화와 같은 기존의 정통 마르크스주의적 지표로 환원되는 것이 아니라고 생각한다. 그가 보기에 사회주의는 사회의 '연대Solidarität'의 실현으로 인식되며, 이러한 상태는 바로 민주주의가 확산된 상태와 같다. 그리하여 '민주사회주의 개혁 정당'의 과제는 이러한 민주주의의 확산을 위해 끊임없이 일상의 작은 개혁을 실천하는 것이 된다. 자본주의 붕괴나 사회주의 필연성에 관한 기존의 마르크스주의적인 '최종 목적' 논리는, 오히려 현실의 발전 상황을 왜곡하고 개혁 정치의 가능성을 축소시키는 잘못된 규정이다. 그러한 의미에서, 개혁주의적인 '운동'이 모든 것이다. 베른슈타인은 이렇게 말한다. "이 목적은 그것이 무엇이든 나에게는 아무것도 아니다. 운동만이 모든 것이다."[243]

룩셈부르크에 따르면 '사회주의로의 점진적 성장'이란 불가능하다. 왜냐하면 자본주의 사회의 생산 관계는 결코 위기 요소를 약화하는 것이 아니라 오히려 강화하기 때문이다. 부르주아 민주주의와 마찬가지로 사회 개혁도 이러한 발전을 저지할 수 없다. 룩셈부르크는 베른슈타인이 자본주의의 '적응 수단'이라 규정한 현상들——카르텔, 신용 체계, 커뮤니케이션 수단의 발달, 노동자 계급의 지위 상승——이 결코 자본주의의 위기를 완화할 수 없다고 파악한다. 예를 들어 신용 체계는 일시적인 위기 흡수의 수단일 수는 있지만, 궁극적으로는 확대된 생산력으로 인해 경제 위기 국면에서 더욱 큰 위기를 분출시키는 수단이 된다. 그리고 자본주의의 기업가 조직들도 결코 위기를 제거하는 수단이 될 수 없다. 왜냐하면 기업가 조직의 '단합'은 결코 자본주의 경제 전체에 일반화될 수 없기 때문이다. 또한 룩셈부르크는 노동조합 등을 통해 노동자 상태를 개선하는 것은 자본주의 착취의 근본 메커니즘의 한계를 넘을 수 없다고 본다. 나아가 자본주의하에서 노동조합의 미래는 불투명하다. 왜냐하면 자본주의의 발전의 결과 격화된 자본 간의 경쟁은 노동자에게 더 큰 어려움을 줄 것이기 때문이다. 결국 자본주의하에서 "노동조합을 통한 투쟁은 일종의 시시포스 노동으로 바뀌게 된다".

그러나 동시에 자본주의 모순의 발전이 가장 정점에 이를 때까지 기다린다는, 당시 카우츠키류의 정통 마르크스주의의 대기 테제에 반대하여, 로자는 이렇게 반박한다. 자본주의 사회의 생산관계는 점점 더 사회주의적인 변혁의 기초를 만들지만, 이에 반해 "자본주의 사회의 정치적-법적 관계는 자본주의 사회와 사회주의 사회 사이에 더 높은 벽을 세우고 있다". 따라서 혁명, 즉 정치권력을 장악하는 것은 필수적이다.

이 벽은 사회 개량의 진전을 통해서도 그리고 민주주의의 발전을 통해서도 약화될 수 없으며 반대로 더욱 견고해지고 높아질 뿐이다. 따라서 이 벽을 무너뜨리는 것은, 오로지 혁명의 망치질, 즉 프롤레타리아가 정치권력을 장악하는 것뿐이다.

따라서 룩셈부르크에게 최종 목적은 프롤레타리아의 계급투쟁에서 필수적인 것이다. 그녀에게 최종 목적이란 곧 정치권력 장악과 사회주의 도래를 의미한다.

사회주의의 최종 목표는 사회민주주의 운동을 부르주아 민주주의 그리고 부르주아 급진주의와 구별하고, 또 자본주의 질서를 구제하는 한가로운 수선 작업에서 전체 노동운동을 이 질서에 반대하여 이것을 지양하려는 계급투쟁으로 전환시키는 유일한 결정적인 계기이다.

최종 목적은 이러저러한 미래 국가에 관한 공상적인 구상이 아니라 혁명적 방식으로 정치권력을 획득하고 사회주의를 건설하는 것이다. 정치권력을 획득함으로써 사회주의의 변혁이 시작된다. 따라서 자본주의에서 사회주의로 변혁하는 시작을 알리는 준비 단계는 이러할 것이다. 즉 계급투쟁을 통해 자본주의 붕괴의 경제적 필연성이 강화되고, 동시에 프롤레타리아 대중은 정치권력 수단을 최종적으로, 혁명적으로 장악하는 것이 불가피함을 확신하게 되며, 혁명 투쟁을 위해 훈련된다는 것이다. 따라서 사회 개혁이냐 혁명이냐의 문제는 그녀의 말대로 "사회민주주의에게는 동시에 사느냐

죽느냐의 문제다. 즉 그것은 이러저러한 투쟁 방식의 문제 혹은 전술의 문제가 아니라, 사회민주주의 운동의 전체 존재에 관한 것이다."

이러한 관점에서 그녀는 또한 노동조합의 개혁 정치를 비판했다. 그녀가 노동조합의 고유한 활동 영역 내에서의 그들의 독자성을 부정한 것은 아니었다. 그러나 노동조합 활동은 본질적으로 '시시포스의 노동'이다. 따라서 그녀는 노동조합 활동은 좀 더 포괄적인, 가장 넓은 의미의 정치적 변혁 행동의 한 계기로 이해되어야 한다는 견해를 표명했다.

룩셈부르크가 의회주의 활동이나 개량주의적 활동 그 자체의 독자적 의의를 무시했던 것은 결코 아니었다. 그러나 그녀는 그러한 개량주의 활동들이 자본주의적 한계를 넘을 수 없음을 강조했다. 베른슈타인의 개량주의에 대한 룩셈부르크의 생각을 단적으로 표현하는 것은 〈사회 개혁이냐 혁명이냐〉의 다음의 유명한 비유이다.

팔랑스테르 체제를 건설함으로써 지구상의 바닷물을 모두 레모네이드로 바꾸겠다는 푸리에Charles Fourier의 생각은 매우 공상적이다. 그러나 쓰디쓴 자본주의의 바다에 사회개량주의의 레모네이드 몇 병을 넣어 이 자본주의의 바다를 사회주의의 단물로 바꾸겠다는 베른슈타인의 생각은, 더욱 어리석은 것이며 머리카락 한 올만큼도 덜 공상적이지 않다.244

4. 새로운 전략론―대중 스트라이크

룩셈부르크는 정치 행동의 정점에는 당이 존재해야 한다고 생각한다. 그러나 그녀는 당시 가장 거대했던 사회주의 정당인 독일 사회민주당이 최종 목적을 지향하는 것이 아니라, 일상적 의회 투쟁에 매몰되어가는 현실을 비난했다. 즉 그녀의 조직 문제에 대한 태도는 당시 독일 사회민주당의 경험에 크게 영향을 받은 것이었다. 룩셈부르크는 독일 사회민주당 지도부의 보수주의적 경향을 일찍 간파해, 1904년 의회주의적 관심과 의회주의 전략만을 고려할 뿐인 그들의 무능력을 지적한다.

그녀의 비판은 1905년 러시아 혁명 이후 강력해졌으며, 1910년경 정점에 이르렀다. 19세기 말 이래 독일 사회민주주의가 더 이상 혁명을 지향하지 않는다는 사실은 오랫동안 친구이자 동료였던 카우츠키와 대립하는 가운데 룩셈부르크의 삶에 커다란 고통을 심어주었다. 카우츠키의 '지구전 전략' 같은 해석은 그녀에게 노동운동의 제도화된 조직력과 의회 공간에 기초한, 혁명을 위해 대중을 이끌어가는 과업에 대해서는 아무것도 하지 않는 수동적이고 개량주의적인 전략을 은폐하는 것으로 생각되었다. 그리하여 그녀는 1905년 러시아 혁명의 모범을 따라 자본주의 사회를 변혁시키는 새로운 무기를 발견할 수 있다고 생각했다. 룩셈부르크는 러시아의 사례가 독일 같은 좀 더 발전된 자본주의 국가들의 프롤레타리아에게도 더욱 진전된 계급투쟁의 진로와 방법을 보여주고 있는 것으로 "국제적 의의"를 지니고 있는 것이라고 보았다. 이제 이러한 그녀의 견해와 베른슈타인과 카우츠키에 의해서 제시된 독일 사민주의 다수파의 견해와의 대립은 점점 더 분명해졌다.

룩셈부르크가 1905년 러시아 혁명에서 발견한 '무기'는 대중 스트라이크였다. 로자 룩셈부르크가 옹호했던 '대중 스트라이크'란 무엇인가? 그녀는 러시아 혁명의 사례를 통해 대중 스트라이크에서 기존의 사회주의자들이 생각해왔던 이원적 투쟁 방식의 한계를 극복할 수 있을 것이라고 생각했다. 즉 기존 사회주의자들은 기존의 질서 내의 정치 투쟁 아니면 노동조합을 중심으로 하는 경제 투쟁이라는 이원적 투쟁 방식의 한계 속에 갇혀 있었다. 또한 룩셈부르크는 무정부주의자들에 의해 옹호되어온 기존의 스트라이크 방식은 일회적이고 모험적인 성격을 지니고 있는 것이라고 비판했다. 즉 어느 날 한 나라 또는 모든 나라의 노동자가 파업을 벌여 자본가들을 공격한다는 식의 바쿠닌 식의 사고는, 정치권력 장악의 필연성과 혁명 과정 자체의 지속성과 지난함, 따라서 노동자 계급의 정치 운동을 이끌 조직의 필요성을 간과한 모험주의적 사고라는 것이다. 따라서 룩셈부르크는 프롤레타리아 대중에 기반하면서도 정치 변혁의 전망과 통합되는 '새로운' 변혁 전략을 대중 스트라이크가 제공하고 있다고 생각했다.

따라서 러시아 혁명에서 발견한 대중 스트라이크의 가장 중심적인 특성은 경제 투쟁과 정치 투쟁의 결합이다. 룩셈부르크는 이렇게 말한다.

러시아에서의 대중 스트라이크는 노동자 계급의 정치 투쟁을 회피하기 위한 수단이 아니라, 그리고 극적인 쿠데타를 통해 사회혁명으로 도약하기 위한 수단이 아니라, 최초로 프롤레타리아에게 일상적인 정치 투쟁의 조건, 특히 의회주의의 조건을 창출하기 위한 수단으로서 실행되었다. 대중 스트라이크가 가장 중요한 무기로 사용된 러시아의 혁명 투쟁은, 노동자 계급의 해방을 위해 그것의 필요성과 의미를 마르크스와 엥겔스가 지적한 바 있는 정치적 권리와 조건을 성취하기 위해 노동 인구, 특히 프롤레타리아에 의해서 수행되었다.245

즉 룩셈부르크는 러시아 혁명 안에서, 혁명적 분위기가 고양되어 노동 인민들에 의해 정치적 목적과 전망을 가지고 수행되는 대중 투쟁의 가능성을 발견했다. 이러한 대중의 혁명적 투쟁만이 개량주의적이고 경제주의적인 기존의 사회민주주의적 실천의 한계를 돌파할 수 있을 것이다. 러시아 혁명이 가르쳐주고 있는 것은 바로 대중의 힘이다.

따라서 러시아 혁명이 우리에게 가르쳐주는 것이 있다면, 그것은 무엇보다도 다음과 같은 사실이다. 즉 대중 스트라이크는 인위적으로 '만들어진' 것이거나 불시에 '결정된' 것 또는 '전파된' 것이 아니라는 것이다. 오히려 대중 스트라이크는, 특정 시점에서 사회적 관계의 상황에 필연적으로 따라 나온 역사적 현상이다.[246]

이와 같은 룩셈부르크의 혁명 관념은 대중의 자발성에 대한 신뢰로 특징지을 수 있다. 그녀는 이렇게 말한다.

간단히 말해 대중의 자발성이라는 요소가 러시아 대중 스트라이크 속에서 결정적인 역할을 했던 것이다. 그것은 러시아 프롤레타리아가 '교육되지 않아서'가 아니라, 바로 혁명이 그들을 훈육시키는 것을 불필요하게 했기 때문이다.[247]

결국 룩셈부르크는 대중을 뒤처지게 하는 것은 오히려 관료화되고 기회주의에 함몰돼 있는 당 지도부이지 대중이 아니라고 보았다. 또 그녀는 이러한 대중의 자발성이라는 요소야말로 혁명을 추동하는 혁명적인 힘이라고 생각했다. 그러나 대중과 당 지도부에 대한 그녀의 이러한 평가는 당 내외에서 많은 비판을 받았다. 독일 사회민주당 내에서 많은 비판이 가해졌을 뿐만 아니라, 레닌 역시 룩셈부르크의 관점을 비판했다. 그러한 비판의 핵심은 그녀의 자발성 관념에는——그렇다고 추정된——결정론적인 의미가 포함되어 있다는 것과 그녀가 당의 지도와 당 조직 문제를 경시한다는 것이었다.

과연 룩셈부르크는 대중 투쟁이 역사 과정 속에서 '자동적으로' 생겨난다고 보았던 것인가? 그녀는 당의 지도적 역할과 조직 문제를 방기하고 있는 것인가? 레닌의 비판이 영향을 미치는 가운데 이후 스탈린주의자들에 의해서 룩셈부르크는 자주 이런 식으로 비판받아왔다. 이러한 비판은 과연 정당한가? 결론적으로 말한다면 그렇지 않다. 다시 말해 룩셈부르크는 대중의 '자발성'에만 의지하거나, 당 조직 문제를 방기한 것은 결코 아니다. 이미 1904년에 씌어졌고 레닌의 "1보 전진, 2보 후퇴"에 대한 비판을 담은 〈사회민주주의의 조직 문제〉에서 그녀는 "계급 이해를 의식하고, 정치 활동에서 스스로를 지도할 수 있는 프롤레타리아의 전위"가 혁명 과정에 필요함을 언급하고 있다.[248] 또한 '대중 스트라이크'에 관해 룩셈부르크가 쓴 글 중 다음의 문장은 그녀가 옹호하는 '자발성' 개념이 결코 숙명론적이거나 기계론적인 것이 아님을 명백히 보여준다.

사회민주주의자는 가장 계몽되고 계급의식을 지닌 프롤레타리아의 전위다. 그들은 '혁명적 상황'이 다가오길 팔짱을 끼고서 숙명론적인 방식으로 기다려서는 안 된다. 그들은 모든 자발적인 민중 운동에서 갑자기 무엇인가가 떨어지기를 기다려서는 안 된다. 반대로 그들은 언제나 사태의 발전을 촉진시키고 사태를 발전시키도록 노력해야 한다. 그러나 그들은 아무 때나 갑자기 대중 스트라이크를 위한 '슬로건'을 공표함으로써가 아니라, 무엇보다도 먼저 프롤레타리아의 가장 광범위한 층에게, 이 혁명적 시기가 오는 것이 피할 수 없음과 그것을 가능하게 하는 내적인 사회적 요소들, 그리고 그것의 정치적 결과를 명백히 제시함으로써 그렇게 해야 하는 것이다.[249]

그렇다면 이러한 룩셈부르크의 조직 관념은 레닌의 조직 관념과 어떤 차이가 있는가? 그녀는 대중을 지도하는 당의 역할을 무시하지는 않았다. 그러나 그녀는 당의 역할을 선동과 교육의 역할에 한정시키고자 했다. 따라서 레닌이 조직 문제에서 당의 우위와 선도적 역할을 더 강조했다면, 그리고 대중과 당 사이의 '구분'을 강조했다면, 룩셈부르크는 당의 교육과 계몽의 역할을 강조했으며, 또한 당과 대중이 긴밀하게 통합할 것을 더 강조했다고 볼 수 있다. 그녀는 이렇게 말한다.

사회민주당은 프롤레타리아의 조직에 부가된 것이 아니다. 그것은 프롤레타리아 자체다. 그것은 노동자 계급의 가장 계급의식적이고 전투적이며 선진적인 부분을 대표하는 개인들, 아니 집단의 집중된 의지일 수 있을 뿐이다. 그것은 말하자면, 프롤레타리아의 선진적 부분의 '자기 집중

주의Self-Centralism'이다.250

따라서 룩셈부르크에게 당의 역할은 무엇보다도 교육하고 '대변하는' 역할을 맡는 것이지, 대중 위에 군림하거나 대중을 조종하는 것이 아니다. "대중이 실제의 합창단이며, 지도부는 단지 '대변자'일 뿐이다. 즉 지도부는 단지 대중의 의지를 해석하는 자일 뿐이다."251 지도부가 대중의 의지를 올바로 '해석'하기 위해서는 공공 생활과 당이 언론을 형성하는데 노동자 대중이 적극적으로 참여하는 것이 필요하다. 룩셈부르크는 "노동자들이 공공 생활과 당 언론에 그리고 공공 집회에 직접적으로 참여함으로써 스스로의 정치 활동을 발전시킬 가능성"252을 옹호했다. 따라서 룩셈부르크는 혁명에 가장 중심이 되는 것이 대중의 힘과 의지라고 보았다.

그렇다면 대중 투쟁은 어떻게 가능한가? 자동적으로 대중 투쟁이 발생하는가? 앞에서 보았듯이 로자 룩셈부르크는 결코 그렇게 생각하지 않았다. 그녀는 투쟁 과정 자체에서, 그리고 당의 올바른 지도와 교육을 통해 공적 삶에 직접 참여함으로써 대중이 교육될 수 있다고 믿었다. 로자 룩셈부르크가 장기적인 투쟁 과정을 언급하고 있는 것은 우연이 아니다. 결국 그녀에게 혁명에서 가장 중요한 것은 혁명적 계급의식이 지속되고 고양되는 문제였다고 할 수 있다. 그런데 그녀는 그 계급의식의 고양 가능성, 그 궁극적 기반을 바로 대중 자체에서 구한 것이다.

따라서 레닌과 룩셈부르크 사이의 조직론적 차이는 어쩌면 부차적인 것일지도 모른다. 두 사람 사이의 차이를 낳게 한 중심적인 것은 오히려 계급의식 발달에 관한 해석의 차이라고 할 수 있다. 레닌이 대중에서 나오는 계급의식의 성장을 최소한으로 인정했다면, 반대로 룩셈부르크는 계급의식의 발달을 역사와 투쟁 속에서 성장해가는 역동적인 과정으로 파악했다.[253]

결론적으로 로자 룩셈부르크의 관점은 대중에 대한 신뢰로 특징지을 수 있다. 이러한 그녀의 관점은 당시 독일 사회민주당 지도부에 대한 실망의 결과이며, 1905년 러시아 혁명 등 당시 고양되었던 민중 운동의 분위기를 반영한 것으로 이해할 수 있다.

5. 사회주의적 민주주의에 대한 인식

룩셈부르크는 사회주의의 변혁을 부르주아 혁명 형태보다 더 결정적인 사회변혁으로 간주했기 때문에, 그 변혁은 '옳은' 이론으로 무장한 계급의식적 소수의 행동에 국한될 수 없는 것이었다. 변혁 과정의 동력은 대중, 즉 다수 인민이다. 따라서 그녀는 이미 1905년 혁명 이전에 레닌의 조직 개념을 비판했었다. 즉 레닌의 조직 개념은 자본주의 국가에 의해 각인된 규율에 묶여 있고, 단지 지휘봉만 부르주아의 손에서 사회민주주의 중앙위원회로 옮겨놓은 것에 불과하다는 것이었다. 반대로 단지 이 노예적인 규율 정신을 파괴, 해체함으로써만, 프롤레타리아는 사회민주주의의 새로운 규율을 위해 교육될 수 있다고 보았다. 따라서 그녀는 열린 당을 요구했고 사회주의의 인간주의적-자유 중심적 요소를 끝까지 고양시키기를 원했다. 그리고 그녀는 "진실로 혁명적인 노동운동이 저지르는 실패"를 "최고 중앙위원회가 아무런 잘못을 하지 않는 것보다 훨씬 더 역사적으로 거대한 결실을 주며 가치 있는" 것으로 보았다.[254]

룩셈부르크의 이러한 관점은 사회주의적 민주주의에서도 아래로부터의 참여적 민주주의를 끝까지 옹호하는 것으로 나타난다. "로자 룩셈부르크는 철저한 민주주의의 확립을 역설했다. 따라서 자유로운 자기 규율의 절대적 필요성을 잊지 않았고 자유로운 논쟁을 통한 견해 차이를 민주적으로 조정하는 것을 포기할 수 없는 원칙으로 인식했다. 그러므로 그녀에게는 위에서 일방적으로 하달되는 강압적 지시나 강제적으로 확보되는 획일적 통일성은 민주주의와 양립 불가능한 것으로 비칠 수밖에 없었다."[255]

1917년 볼셰비키 혁명에 대한 그녀의 비판은 이러한 맥락에서 이해되어야 한다. 로자 룩셈부르크는 러시아 혁명의 역사적 의의를 강력하게 옹호했다. 즉 "러시아 혁명은 세계 전쟁 중 가장 큰 사건이며"[256] 볼셰비키의 "10월혁명은 러시아 혁명을 실질적으로 구원했을 뿐만 아니라, 또한 국제 사회주의의 명예를 구원한 것이기도 했다."[257] 즉 룩셈부르크는 레닌이 이끈 볼셰비키가 사회주의 혁명을 추진할 유일한 혁명 세력임을 인정했다. 또한 그녀는 러시아 혁명이 러시아의 심각한 내적 모순으로 인해 사회주의 혁명을 향해 필연적으로 진전해갈 것임을 확신했다. 즉 모순이 누적되어 있다는 점에서 이미 러시아는 내적으로 사회주의 혁명을 위해 '성숙'해 있는 것이다. 이러한 관점에서 룩셈부르크는 러시아 혁명은 부르주아 혁명에 국한될 수밖에 없다고 본 카우츠키 등 당시 다수 사회주의자들의 관점을 비판했다.

그러나 룩셈부르크는 이러한 러시아의 사회주의 혁명을 위한 조건의 '성숙'은 사회주의 발전과 실현을 위한 조건이 존재함을 의미하는 것은 결코 아니라고 보았다. 룩셈부르크는 러시아에서 사회주의적 민주주의를 질식시킬 특수한 환경——후진적인 경제 상황, 내전의 위협, 의회 민주주의의 결여——을 잘 인식하고 있었고, 러시아의 '허약함'이 궁극적으로 세계 혁명이 지연되는 데서 기인하는 것이라는 사실도 잘 알고 있었다.

전쟁의 과정과 혁명을 통해 입증된 것은 러시아의 미성숙이 아니라, 역

사적 사명을 성취하는 데 이르지 못한 독일 프롤레타리아의 미성숙이다.258

룩셈부르크는 러시아 혁명의 진로를 파악할 때도, 사회주의 혁명의 국제주의적인 관점을 견지했다. 그러나 그녀는 객관적 상황의 제약이라는 이유 때문에, 대중 스스로에 의한 해방이라는 사회주의의 이상이 훼손되고 그 훼손이 정당화되는 것은 수용될 수 없음을 분명히 했다. 그녀에게 중요한 것은 "민주주의 자체"이거나, 부르주아 관계 속에서의 민주주의가 아니라, 민주주의를 새롭게 확대하고 적용하는 것이었다.

룩셈부르크에게 민주주의의 의미는 무엇이었던가? 그녀가 부르주아 의회민주주의의 한계를 명백히 인식하고 이를 비판했음은 앞에서도 살펴보았다. 그녀는 마르크스의 표현을 원용해 부르주아 의회민주주의를 "의회주의 정신박약parliamentary cretinism"259이라고 부르고 있지 않은가? 그러나 동시에 〈사회 개혁이냐 혁명이냐〉에서 룩셈부르크는 부르주아 의회민주주의의 역사적 의의를 분명히 인식하고 있다.

한마디로 민주주의가 반드시 필요한 이유는 그것이 프롤레타리아에 의한 정치권력 장악을 불필요한 것으로 만들기 때문이 아니라, 오히려 그 반대로 이러한 권력 장악을 필수적이면서 동시에 유일하게 가능한 것으

로 만들기 때문이다.260

또한 룩셈부르크는 민주주의를 추상적으로 파악하는 것을 비판했다. 즉 민주주의의 형식과 내용을 궁극적으로 결정하는 것은 사회 계급 간의 역학 관계이다. 그녀에 따르면, 민주주의와 자본주의의 연관에 관한 문제는 내적인 계급 관계의 문제이고, 또한 '세계 정치'의 문제인 것이다. 즉 룩셈부르크는 민주주의의 문제 역시 계급 관계에 비추어 해석해야 한다고 본다. 따라서 사회주의하에서의 민주주의는 이른바 부르주아 민주주의에 비해 더욱 광범위한 대중의 정치적·사회적 권리를 포함할 것이며, 더욱 질적으로 고양된 대중 참여를 수반한 것이다. 또한 사회주의하에서의 민주주의의 확대는 사회주의의 이상을 실현하고 사회주의를 발전시키는 궁극적인 수단이 된다는 점에서 필수 불가결하고 중요한 문제가 된다. 룩셈부르크는 이러한 민주주의의 이상을 근거로, 당시 러시아의 현실을 비판했다.

분명 모든 민주주의 제도에는 한계와 결함이 있다. 이것은 의심의 여지없이, 다른 모든 인간의 제도에도 공유되고 있는 특징이다. 그러나 트로츠키와 레닌이 발견한 치유책, 즉 민주주의 자체를 제거하는 것은 그것이 치료하겠다고 한 질병보다 더욱 나쁜 것이다. 왜냐하면 그것은 사회 제도의 모든 내적 결함을 교정하는 살아 있는 원천을 차단하기 때문이

다. 그 원천이란 활동적이고 제한되지 않은, 정력적인 대다수 대중의 정치적 생활인 것이다.261

따라서 자유롭고 제한되지 않은 언론이 없고 제한되지 않은 집회의 권리가 없다면 "인민 대다수의 지배란 생각할 수 없는 것"262이다. 즉 인민에게서 공적 생활을 박탈하고 언론의 자유를 질식시키는 것은 사회주의의 이상에 비추어 결코 받아들일 수 없는 것이다. 바로 마르크스의 공산주의 이상의 중핵에는, 평등과 더불어 자유가 자리 잡고 있지 않은가? 마르크스는 〈공산당 선언〉에서 "각자의 자유로운 발전이 모든 이의 자유로운 발전의 전제 조건이 되는 결사"에 대한 이상을 피력하지 않았던가? 룩셈부르크는 사회주의의 이상을 실현해가기 위해서는 확대된 민주주의가 필수적이라고 생각했다. 그러한 민주주의를 지속적으로 실현해나갈 때만이 사회주의의 궁극적 이상에 이를 수 있을 것이다. 이러한 관점에서 룩셈부르크는 참여를 통한 '공적 통제'라는 개념을 사회주의적 민주주의의 핵심으로 제시한다.

공적 통제는 필수 불가결한 것이다. 그렇지 않으면 경험의 교환은 단지 새 정권의 폐쇄된 관료 집단 내에서만 존재하게 될 것이다. 부패는 불가피해진다. 생활 속의 사회주의는 이제까지 수 세기 동안 부르주아 계급의 지배 때문에 퇴화된 대중의 완전한 정신적 변혁을 요구한다.263

그리하여 룩셈부르크는 자유에 관한 다음과 같은 유명한
진술을 내놓는다.

단지 정부를 지지하는 자만을 위한 자유. 단지 당원만을 위한 자유는 당
원의 수가 아무리 많다고 하더라도 전혀 자유가 아니다. 자유는 언제나
그리고 전적으로 다르게 생각하는 자들의 자유다.264

이 말은 민주주의에 대한 로자 룩셈부르크의 이상이 얼마
나 철저한 것이었던가를 웅변적으로 말해준다. 여기서 그녀
는 현대 국가사회주의의 고질적인 결함의 핵심을 얼마나 통
렬하게 질타하고 있는가. 결국 이 말은 프롤레타리아 혁명이
테러 정치로, 사회주의 이데올로기가 체제 이데올로기로 퇴
화하는 것에 대한 준열한 비판인 것이다.

이후 룩셈부르크는 막강해져가는 군국주의에 맞서 국제
프롤레타리아의 단결과 투쟁을 호소했다. 그녀는 일생을 통
해 사회주의적 민주주의와 프롤레타리아 국제주의라는 노
동자 해방의 대의를 위해 헌신했다. 그리고 이러한 목표는
노동자 스스로에 의해 성취되어야 할 것이었다. 그녀는 혁명
적 마르크스주의 이상을 가장 철저히 실천하고자 노력한 혁
명가였다고 할 수 있다.

6. 한 마리 독수리로서—이후 로자 룩셈부르크의 영향

적어도 1912년경에는 룩셈부르크는 독일 사회민주주의 내에서 완전히 고립되었다. 이미 독일 사회민주당과 제2인터내셔널의 여러 사회주의 정당들에는 개량주의 조류가 지배적 세력이 되어가고 있었다. 이와 더불어 민족주의와 국수주의적인 담론이 광범위하게 대중의 정신을 파고들었다. 룩셈부르크의 급진적 민주주의와 반군국주의의 기치 아래 모인 이들은 언제나 소수였고, 그녀는 개량적이고 야만적인 지적 분위기와 실천적 무능력에 대항해 맹렬히 저항했다. 그리고 이러한 저항은 결국 반동적 테러에 의한 죽음으로 이어졌다.

그녀가 죽은 후 레닌주의가 국제 사회주의 운동에서 새로운 '정통'이 된 상황에서, 룩셈부르크의 의의와 영향력은 오랫동안 차단되어 있었다. 이러한 상황으로 귀결된 데에는, 그녀 자신의 이론적 한계도 한 가지 원인으로 작용했다고 할 수 있다. 즉 그녀에게는 자본주의 내의 의회주의 실천을 기회주의로 과도하게 평가절하하는 경향이 있었다. 또한 그녀는 억압받는 민족의 해방 투쟁이 갖는 잠재력을 이해할 수 없었다. 또한 그녀는 향후 노동운동의 기나긴 침체를 예견할 수 없었다. 그녀는 위기가 없는, 또는 때때로 위기를 상쇄하는 경제 발전이 노동운동에 미치는 부정적인 영향을 간과했다. 나아가 그녀는 혁명 투쟁을 위해서 간과할 수 없는 제도화된 이해관계의 대변의 중요성을 제대로 인식하지 못했으며, 이로써 광범위한 노동자 대중의 필요에 수렴되는 정치, 경제적 제도를 단지 개량주의로 비난했고, 그것을 역사적으로 설명할 수 없었다.

그러나 룩셈부르크가 오랫동안 소생할 수 없었던 더 큰 이유는 당시 국제 사회주의 운동의 일반적 상황이 더 큰 것이었다. 즉 당시 레닌주의-스탈린주의는 이미 체제 이데올로기로서 변질되어갔던 것이다. 이러한 상황에서 룩셈부르크의 급진적 민주주의와 프롤레타리아 국제주의의 호소는 자연스럽게 차단되었다. 아울러 서구 자본주의 진영의 경우, 전후의 장기적 호황과 냉전 이데올로기, 서구 사회민주당들의 개량주의로의 접근, 지속적인 민족주의 이데올로기의 영향은 룩셈부르크 같은 급진적 마르크스주의가 소생할 기반을 침식시켜갔다고 할 수 있다.

룩셈부르크가 전 세계적으로 부활한 가장 큰 계기는 1968년에 정점에 이른 급진 좌파 운동과 학생운동이었다고 할 수 있다. 당시 룩셈부르크는 특히 '자발성' 관념을 과대평가했던 지식인들에 의해서 새롭게 발견되었다. 다시 말해 그녀는 서구 자본주의의 착취와 소외, 동구권 공산주의의 관료화를 모두 비판할 수 있는 적절한 이론적 대안으로 간주되었다고 할 수 있다.

1922년 이미 레닌은 "그녀의 모든 결함에도 불구하고" 그녀를 '독수리'라 불렀다. 레닌은 이렇게 말한다.

우리는 이것에 대해서 —— 즉 로자 룩셈부르크를 인용하면서 제2인터내셔널의 복원을 시도하는 자들의 시도에 대해서 —— 오래된 러시아 우화 중 두 줄을 인용함으로써 대답하려 한다. '독수리는 때로는 닭보다 낮게 날지만, 닭은 결코 독수리의 높이에 이를 수 없다'. 그녀의 결함에도 불구하고 그녀는 독수리였으며 지금도 여전히 그러하다.[265]

한편 마르크스주의 역사에서 의식적으로 로자 룩셈부르크를 지지하고 부활시키려고 노력한 일단의 사회주의자들도 존재했다. 이른바 '급진 좌파' 또는 '평의회 공산주의자council communists'라고 불리는 경향을 대변한 코르쉬Karl Korsch, 파네코엑Anton Pannekoek, 고르터Herman Gorter, 매틱Paul Mattick 같은 이들이었다. 이들은 대중의 자발성을 옹호하고 사회주의적 민주주의라는 가치의 중요성을 역설했다. 이들은 혁명의 제도적 수단인 동시에 사회주의적 민주주의 실현의 제도적 수단으로 '평의회'를 옹호했다. 그러나 이들 역시 국제 사회주의 운동에서 주류로서 지배적인 영향력을 행사하지는 못했다.

오늘날 로자 룩셈부르크는 우리에게 어떤 의미를 지니는

가? 우리는 결국 이 글의 서두에서 제기했던 질문으로 다시 돌아오게 된다. 룩셈부르크는 마르크스주의를 쇄신함으로써 사회주의-마르크스주의의 위기를 돌파하고자 했던 진정한 혁명가였다. 급진적이고 참여적인 민주주의에 대한 이상과 프롤레타리아 국제주의라는 대의는 그녀가 일생 동안 헌신한 가치들이었다. 신자유주의가 부정적 영향을 심화시키고 있음에도 사회주의적 대안의 모색은 여전히 난국에 처해 있는 지금, 이러한 룩셈부르크의 관점은 우리에게 각별한 의미를 지닌다. 자본주의와 기존의 사회주의를 근본적으로 반성하고 대중 스스로의 해방이라는 가치를 다시금 모색하는 데, 룩셈부르크의 관점은 커다란 격려와 자극이 될 것이다.

    이 책은 로자 룩셈부르크의 《사회 개혁이냐 혁명이냐》를 번역한 것이다. 해제에서 상세히 언급했지만, 이 글은 로자가 베른슈타인의 수정주의 관점을 정면으로 반박한 기념비적인 글이다. 개혁과 혁명, 민주주의의 문제에 관한 룩셈부르크의 관점을 압축적으로 담고 있는 이 글은, 나아가 사회주의 이론의 역사에서 훗날 '반레닌주의적 마르크스주의'라 불리게 되는 급진적 관점을 대표하는 고전적 저술이라 할 수 있다.

    이러한 룩셈부르크의 관점은 사회주의 현실에서 실현되지는 못했다. 그 이유는 한편으로 그녀의 사상에 담긴 극단적 민중성에 수반된 유토피아적 성격 때문이다. 즉 대중의 자발성을 지나칠 정도로 신뢰하는 그녀의 사상은, 현실 자본주의의 역사적 조건이 계급의식에 미쳐온 부정적 영향을 과소평가하고 혁명 운동이 장기적으로 침체된 시기에 사회주의 개혁을 어떻게 추진할 것인가 하는 구체적인 개혁의 문제를 방기하는 결과를 낳았다. 그러나 다른 한편으로 그녀의 급진적 사상은 사회주의 개혁을 추동시키고 진전시키는 유일한 원천이 진정 무엇인가를 다시금 돌이켜 생각하도록 만든다. 그것은 바로 노동자를 중심으로 한 대중의 힘과 의지 그리고 사회주의를 향한 열망이다. 사회주의를 진전시키고 실현할 주체는 오직 대중이다. 오늘날 현실 사회주의가 위기에 처해 있는 상황에서, 로자의 이러한 급진적 관점은 사회주의가 위기에 처하게 된 원인을 반성하게 하고 올바른 사회주의를 향한 길이 무엇인지를 숙고하게 하는 계기가 될 것이다.

그러나 《사회 개혁이냐 혁명이냐》는 아직 한국의 현실에서는 제대로 소개되지 못했다. 즉 이 글의 일부를 발췌해서 번역한 것이 전부였다. 이 책은 《사회 개혁이냐 혁명이냐》 독일어 원전을 온전하게 번역한 것이다. 번역은 가능한 한 원전에 충실하고자 했다. 룩셈부르크 자신의 주와 강조 표기, 《로자 룩셈부르크 전집 Gesamelte Werke》의 편집자 주 어느 것 하나 빠지지 않고 옮기도록 세심한 주의를 기울였으며, 텍스트를 이해하기 위해 필요한 곳에는 옮긴이주와 독일어 표현을 첨가했다.

이 책은 김경미, 송병헌 두 사람이 번역했다. 두 사람은 작년에 틈틈이 만나 작은 '로자 학회'를 꾸려가며 로자의 원전을 읽고 있었다. 이러한 상황에서 자연스럽게 《사회 개혁이냐 혁명이냐》의 공역이 이루어졌다. 서문과 제2부는 김경미가, 제1부는 송병헌이 맡아 옮겼다. 번역의 분담 부분은 각자의 주된 전공과 관심사를 어느 정도 고려하여 정했다. 각자는 번역한 다음 수차례 상대방의 원고를 읽고 용어와 내용상의 통일을 기하고자 했고, 번역상 어색한 부분은 서로 지적하여 고치도록 했다. 이런 과정을 거쳐 나온 책이 이것인데, 우리는 나름대로 최선을 다했으며 큰 과오는 없는 결과물이 나왔다고 여긴다. 그럼에도 여전히 남아 있을 번역의 부족한 점은 후에 기회가 주어지는 대로 보완하도록 하겠다.

어쨌든 지금까지의 노력과 고생이 마침내 작은 결실로 나타났다. 우리 풍토에서 그다지 현실적인 이득이 없는 일에 그토록 매달렸다는 것, 그리하여 다만 어떤 책무를 다한다는 마음에 충실할 수 있었다는 것, 그 자체가 감사할 뿐이다. 먼저 의미 있는 원전을 선정하고 번역할 계기를 마련해준 책세상에 감사드리고 싶다. 그리고 출간을 위해 세세한 작업까지 꼼꼼히 신경 써준 책세상 편집부에 감사드리고 싶다.

사회주의에 관심이 있는 이들에게, 특히 사회주의의 진정한 가치를 여전히 추구하는 몇몇 사람들에게 이 책이 작은 도움과 힘이 되었으면 한다.

1 이 논문을 간행하는 데 기초가 된 것은 1899년 라이프치히 인민신
   문 출판사에서 출간한 판본이다. 1908년에 출간된 판본(재판)에는
   로자 룩셈부르크가 수정한 내용이 추가되어 있다. 재판에서 보완된
   것은 주에 넣었으며, 삭제된 것은 〔〕로 처리해서 알아볼 수 있게 했
   다(재판, 제1부).

2 Eduard Bernstein, "Probleme des Sozialismus", *Die Neue Zeit*
   (Stuttgart, 1896/1897), 제1권, 164~171, 204~213, 303~311,
   772~783쪽; 제2권, 100~107, 138~143쪽.

3 베른슈타인은 "솔직히 고백하거니와, 무엇을 일반적으로 '사회주
   의의 최종 목표'로 이해할 것인가 하는 문제는 내게는 전혀 중요하
   지 않고 아무런 관심도 없다. 이 목표라는 것은 그것이 무엇이든지
   간에, 나에게는 무(無)이며, 운동이 전부이다"라고 말했다〔Eduard
   Bernstein, "Der Kampf der Sozialdemokratie und die Revolution der
   Gesellschaft", *Die Neue Zeit*, 제1권, 제16호(1897/1898), 556쪽).

4 재판에서는 이다음에 '최종적으로는'이 추가되었다.

5 (옮긴이주) 라살은 독일 사회주의 운동의 선구적 인물이다. 그는
   1863년 '전 독일 노동자협회'라는 독일 최초의 사회주의 정당을 조
   직했다. 보통선거권을 통한 민주적 개혁과 '국가 지원을 받는 생산

자 조합'의 결성을 주장했다.

6   Ferdinand Lassalle, *Die Wissenschaft und die Arbeiter*(Zürich, 1887),
     19쪽을 참조하라.

7   재판의 서문이다.

8   베른슈타인의 연재 논문인 〈사회주의의 여러 문제〉(《새로운 시대》
     (1896/1897))에 대한 논평이다.

9   재판에서는 '기회주의적 방법'으로 고쳤다.

10   재판에서는 '영상Spiegelbilder'으로 고쳤다.

11   재판에서는 '독일 사회 개혁 운동이 완전히 침체한 후'로 고쳤다.
     대산업가이면서 빌헬름 2세의 친구인 슈툼Karl Freiherr von Stumm
     은 독일 제국당의 창설자이자 지도자이다. 그는 1897∼1907년 내
     무부 차관과 연방부 수상을 지낸 포자도브스키-베너Arthur Graf von
     Posadowsky Wehner와 함께 노동조합과 사회민주주의의 가장 강력한
     적대자로서, 노동자 계급을 탄압하는 데 야만적 폭력을 사용하는
     것을 옹호했다.

12   1896년 3월 27일 작센 주의회 하원에 반동적인 세 계급 선거권법
     이 제출되었다. 이에 반대하여, 1895년 12월 중순 이래 수십만 명이
     대중 집회에서 항의 시위를 벌였다.

13   내무부 차관인 베너는 1897년 12월 11일 독일 각 국가의 정부에 비
     밀 회람 문서를 보냈다. 여기서 그는 노동자의 파업권과 결사의 자
     유에 반대하는 법적 조처를 채택할 것을 요구했다. 독일 사회주의는
     이 비밀문서를 수중에 넣는 데 성공했으며, 이 문서를 1898년 1월
     15일 자《전진Vorwärts》에 발표했다. 1898년 9월 6일 빌헬름 2세는
     외인하우젠에서 연설하면서 '강제 수용에 관한 안건'으로 알려진 법
     률 안건을 1899년 의회에 제출한다고 통고했다.

14   재판에서는 '베른슈타인의 견해'로 고쳤다.

15 재판에서는 '확실히'로 고쳤다.

16 재판에서는 '조직'으로 바꾸었다.

17 재판에서는 강조하지 않았다.

18* *Die Neue Zeit*(Zürich, 1897/1898), 18호, 555쪽.

19* *Die Neue Zeit*, 18호, 554쪽.

20 재판에서는 '따라서'로 고쳤다.

21 재판에서는 강조하지 않았다.

22 재판에서는 '반사Widerschein'로 고쳤다.

23 재판에서는 '수정주의의'로 고쳤다.

24 재판에서는 '내적'으로 고쳤다.

25 재판에서는 '불가피하게'를 덧붙였다.

26 재판에서는 '적응 수단이 실제로 자본주의 체제가 붕괴하는 것을
막을 수 있는 상태에서'로 고쳤다.

27 재판에서는 '수정주의'로 고쳤다.

28 재판에서는 '생산'으로 고쳤다.

29 재판에서는 '확장 능력 혹은 확장 경향'으로 고쳤다.

30 재판에서는 '확장 능력 혹은 확장 경향'으로 고쳤다.

31 재판에서는 '폭발'로 고쳤다.

32 재판에서는 '상품 교환의 매개자로서'로 고쳤다.

33 재판에서는 '음험한 상품 교환 수단으로서'로 고쳤다.

34 재판에서는 '교환'으로 고쳤다.

35 재판에서는 '고정성'으로 고쳤다.

36 재판에서는 '힘'으로 고쳤다.

37 재판에서는 '힘들'로 고쳤다.

38 재판에서는 '이윤의 일부'로 고쳤다.

39 재판에서는 '생산의 사회적 성격과 자본주의적 사적 소유'로 고쳤다.

40 재판에서는 '신용은 자본주의를 몰락의 정점으로 내몰며'로 고쳤다.

41 재판에서는 '진로'로 고쳤다.

42 재판에서는 '프랑스의 이삭 페레이르와 같은'을 덧붙였다.

43 재판에서는 '논거가 희박하다'로 고쳤다.

44 재판에서는 '물론 카르텔과 트러스트가 발전하면서 아직까지 이들의 복잡한 영향을 충분히 밝혀내지는 못했다. 그러나 이 문제는 단지 마르크스의 손으로만 해결할 수 있는 문제다. 다만 어떤 경우에도, 기업가 카르텔을 통해 자본주의의 무정부 상태를 막는다는 것은'으로 고쳤다.

45 재판에서는 '적용'으로 고쳤다.

46 재판에서는 '즉 국외에서 국내보다 더 싼값에 상품을 판매함으로써'를 덧붙였다.

47 재판에서는 '달걀'로 고쳤다.

48 재판에서는 '세계시장이 극도의 포화 상태에 이르고, 경쟁하는 자본주의 국가들에 의해 모두 소진되어'를 덧붙였다.

49 재판에서는 다음과 같은 각주가 붙어 있다. "1894년 엥겔스는 《자본론 *Das Kapital*》 3권의 한 각주에서 이렇게 적고 있다. "이상이 씌어진(1865) 이래 세계시장의 경쟁은, 모든 문명국가들 특히 미국과 독일에서 산업이 급속하게 발전함에 따라 상당히 심화되어왔다. 오늘날 급속하고 거대하게 팽창하는 현대 생산력이 자본주의적 교환 법칙의 통제를 넘어서 커지고 있다는 사실은, 심지어 자본가들까지도 점점 더 뚜렷이 가슴에 새기고 있다. 이것은 특히 다음 두 가지 징후에서 읽을 수 있다. 첫째, 새롭게 확산된 보호관세 열풍은 수출 가능한 품목들이 가장 잘 보호받는다는 사실로써 이전의 보호관세와 구별된다. 둘째, 생산 규제와 가격과 이윤 규제를 위해 거대한 전체 생산 영역에 확산된 생산자 카르텔(트러스트)이다. 이러한 실

험은 말할 필요도 없이 경제 날씨가 상대적으로 좋을 때에만 실행할 수 있다. 한 번의 폭풍만으로도 이러한 조직은 파괴될 것이다. 이는, 비록 생산 규제가 분명히 필요하지만, 자본가 계급은 결코 그러한 과제에 적합하지 않다는 사실을 입증한다. 당분간 이 카르텔의 사명은 이전보다 더 빠르게 더 큰 무리가 작은 무리를 잡아먹는 것을 확실하게 하는 것이다"(Karl Marx, *Das Kapital*, 제3권(Hamburg: Verlag von Otto Meissner, 1894)).

50 재판에서는 '내적인'으로 고쳤다.

51 재판에서는 '우리가 특히 미국에서 경험하듯이'를 덧붙였다.

52 재판에서는 '야만적 형태로'를 덧붙였다.

53 재판에서는 '그리고 트러스트'를 덧붙였다.

54 재판에서는 '1873년 이래'를 덧붙였다.

55 재판에서는 다음과 같은 내용이 첨가되었다. "이 질문에 대한 대답은 즉시 나온다. 1898년 베른슈타인이 마르크스의 위기 이론을 배격하자마자, 1900년에 심각한 일반적 위기가 발생했다. 또 7년 후인 1907년에는 미국에서 시작된 새로운 위기가 세계시장을 강타했다. 이로써 '적응' 이론이 잘못되었다는 것이 드러났다. 또한 단지 특정 기간 내에 위기가 발생하지 않았다는 이유만으로 마르크스의 위기 이론을 기각한 사람들이 그 이론의 본질을 비본질적인 특정 사례, 즉 10년 주기와 혼동하고 있음을 보여주었다. 마르크스와 엥겔스의 경우, 1860년대와 1870년대에 10년 주기로 현대 자본주의 산업의 주기를 묘사한 것은, 단지 사실을 단순히 기술한 것이었다. 그것은 자연법칙이 아니라, 급속히 팽창하는 유년기 자본주의의 활동과 연관된, 일련의 역사적 상황에 바탕을 둔 것이었다."

56 (옮긴이주) 18세기 중반까지 유통된 독일 은화로 지금의 약 3마르크에 해당한다.

57 1866년 6월 15일에서 8월 23일까지 독일의 지배를 둘러싸고 벌어진 프로이센과 오스트리아 간의 전쟁에서 오스트리아가 패배했다는 것은, 반동적인 프로이센을 통한 위로부터의 제국 통일을 위한 중요한 전기를 의미했다. 이 전쟁으로 북독일동맹이 창설되었다.

58 1871년 1월 18일 베르사유 궁전에서 독일 제국이 선포되었고, 프로이센 헤게모니하에서 위로부터의 독일 통일이 매듭지어졌다. 프로이센의 왕 빌헬름 1세는 독일 황제가 되었다. 이 새로 탄생한 민족국가는 가장 반동적이고 공격적인 대지주 계급인 융커와 대부르주아에 의해 지배되었다.

59 재판에서는 '정확히'를 덧붙였다.

60 재판에서는 '1권과'를 덧붙였다.

61 재판에서는 '이 위기들은 매 10년마다, 매 5년마다, 또는 매 20년마다, 8년마다 반복될지 모른다. 그러나 베른슈타인의 이론이 결정적으로 불충분하다는 것은 다음의 사실에서 확인된다. 즉 1907년과 1908년 가장 최근의 위기가 가장 맹렬히 날뛰었던 곳은 그 유명한 자본주의의 '적응 능력', 즉 신용과 통신사, 트러스트가 가장 잘 발달된 나라라는 사실이다'라는 내용이 첨가되었다.

62 재판에서는 '바로 마르크스의 견해에 따르면 소자본은 기술 혁명의 선구자 역할을'로 고쳤다.

63 재판에서는 '역사'로 고쳤다.

64 재판에서는 '규모를'로 고쳤다.

65 재판에서는 '운동'으로 고쳤다.

66* K. Marx, *Das Kapital*, 제3권, 241쪽.

67 (옮긴이주) 독일의 이른바 '강단사회주의자들Kathedersozialisten'('Katheder'는 교단, 강단이라는 뜻이다. 따라서 대학교수 중심의 개량주의적–국가사회주의적 '사회주의'를 추구하는 사람들을 일컫는

말—옮긴이주) 중 한 사람으로 신칸트주의자이다. 노동자들의 노동조합주의적 투쟁과 정치적 민주화의 증대를 통해 사적 소유권에 대한 통제가 점진적으로 실현될 것이라고 여겼다.

68* 1898년 2월 20일 자《전진》,《문학 전망*Literarische Rundschau*》. 우리는 슈미트의 설명을 베른슈타인의 설명과 연관지어 고찰해도 좋다고 생각한다. 왜냐하면 베른슈타인은《전진》에서의 자신의 관점을 비평한 슈미트에게 한마디도 반박하지 않기 때문이다.

69 재판에서는 '1891년에'로 고쳤다.

70 Eduard Bernstein, "Zur Frage des ehernen Lohngesetzes, 'VI. Schlußfolgerungen'", *Die Neue Zeit*(Stuttgart, 1890/1891), 제1권, 9호, 600~605쪽.

71 재판에서는 '중간 계층의'를 덧붙였다.

72 재판에서는 '노동자 계급의'를 덧붙였다.

73 재판에서는 '특정 시점까지'로 고쳤다.

74 재판에서 '그리고 노동을 강도 높고 단조로우며 고통스러운 것으로 만든다는 점에서'를 덧붙였다.

75* Webb, *Theorie und Praxis der Gewerkschaften*, 제2권, 100쪽 이하.

76* Webb, *Theorie und Praxis der Gewerkschaften*, 제2권, 115쪽 이하. 1890년 이래, 버밍햄의 금속업 기업가 동맹과 노동 동맹은 이른바 공장주에게 더 높은 이윤을 보장하고 아울러 노동자에게 더 높은 임금을 보장하기 위해 판매 가격을 높이고 이 판매 가격의 기초 위에 임금을 조정하는 임무를 지닌, 이른바 제휴 협약을 맺었다.

77 이 임금 변동제의 근거는, 기업가와 노동자 간의 의견 일치다. 즉 임금 수준은 생산물의 시장가격의 변화에 따른 관계에 의존한다는 것이다. 여기에는, 노동자에 적대적인 {임금} 조작의 가능성이 있기 때문에 노동자들은 이를 기각했다.

78* Webb, *Theorie und Praxis der Gewerkschaften*, 제2권, 115쪽.

79 재판에서는 '승리 속에서 힘이 증대되는 시기가 아니라 고난이 커지는 시기를'로 고쳤다.

80 재판에서는 '그만큼 더 완강히'가 추가되었다.

81 Karl Marx, *Das Kapital*, 제3권, 216쪽.

82 재판에서는 '무한히 힘이 증대되는'으로 고쳤다.

83 재판에서 '봉건영주와 그의 복속민 사이의'를 덧붙였다.

84 재판에서 '자본주의적'을 덧붙였다.

85 재판에서 '또한 자본주의의 소유는 자신의 노동 산물에 대한 권리에서 타인의 노동에 대한 단순한 수취권으로 변화했다'를 덧붙였다.

86 재판에서는 '자본가의 발전에 관한 도식'으로 고쳤다.

87 Goethe, *Goethes Werke*(Weimar, 1887), 작센 주 소피 대공비Großher-zogin Sophie von Sachsen의 지시로 편집되었다. 제14권, 제1부, 6쪽을 참조하라.

88 재판에서는 '경제적 진보'로 고쳤다.

89 재판에서는 '했었을 것이다'로 강조했다. 위 두 문장의 의미와 '무어인'의 의미는 불분명하다(이 글의 한 영역본에서 편집자이자 옮긴이인 하워드Dick Howard는 마르크스를 지칭하는 것이라고 언급한다. '무어인'은 마르크스의 별명이었다―옮긴이주).

90 재판에서는 '중국'을 '세계'로 고쳤다. 이 문장의 나머지 부분은 재판에서도 거의 같다. "세계 정치가 위협적인 갈등의 공연장이 되었다면, 그것은 새로운 나라를 유럽의 자본주의를 위해 개발하는 문제와 관련된 것이 아니라, 세계의 다른 부분에 이식되고 거기에서 폭발하게 된, 진전된 유럽의 적대 문제와 관련된 것이다."

91 재판에서는 '자본주의 생산양식의 진보'로 고쳤다.

92 재판에서는 '추동력Triebkraft'으로 고쳤다.

93   재판에서는 '현대 의회주의에서'로 고쳤다.

94   재판에서는 '의회주의'로 고쳤다.

95   재판에서 이 문장의 마지막 부분을 '그리고 의회주의가 표현하는
     것은 바로 이러한 이해관계인 것이다'로 고쳤다.

96   재판에서는 '완전히 부르주아 자유주의의 정신 속에서'를 덧붙였다.

97   재판에서는 '의회주의'로 고쳤다.

98   재판에서는 '부르주아 계급국가의 특별한 수단'으로 고쳤다.

99   재판에서는 '타자의 노동에 대한 노골적인 자본주의의 착취로 되
     며'로 고쳤다.

100 프랑스의 공상적 사회주의자인 푸리에Charles Fourier의 팔랑스테르
     체제는 자본과 노동의 평화로운 협동 작업의 가능성에서 나온다.
     이 사회의 기초 단위는 집단 노동 조직과 함께, 농업과 산업의 생산
     협동조합과 소비 협동조합이다.

101 재판에서는 '더욱 견고해질'로 고쳤다.

102 재판에서는 '수정주의'로 고쳤다.

103 재판에서는 '장(章)'으로 고쳤다.

104 재판에서는 '형식적인'을 덧붙였다.

105 재판에서는 '수정주의의'로 고쳤다.

106 재판에서는 '수정주의의'로 고쳤다.

107 재판에서는 '토대로부터'로 고쳤다.

108 재판에서는 '변혁하는 것'으로 고쳤다.

109 재판에서는 '프롤레타리아는 확신에 이른다'로 고쳤다.

110 재판에서는 '순수한 공상'으로 고쳤다.

111 재판에서는 '프롤레타리아의 의식을 사회화한다. 즉 그것을 계급
     으로 조직한다'로 고쳤다(여기서는 '사회화'를 '사회주의화'와 같은
     의미로 사용했다—옮긴이주).

112 재판에서는 '권력 장악'으로 고쳤다.

113 재판에서는 '제한'으로 고쳤다.

114 재판에서는 '사회질서'를 덧붙였다.

115 (옮긴이주) '보상 정책'이란 군비 예산 증액 등의 부르주아 진영의 요구에 협조하는 대신, 이를 대가로 민주적 사회 개혁을 확대시켜 나가는 것에 관해 부르주아 진영과 협상하는 태도를 말한다.

116 재판에서는 '보상 정책(독일어를 그대로 옮기면 '암소 매매 정책 Kuhhandelpolitik', 즉 추악한 타협 정책―옮긴이주), 그리고 유화적 인'으로 고쳤다.

117 재판에서는 '오랫동안 지속될 수 없다'로 고쳤다.

118 재판에서는 '교수들인'을 덧붙였다.

119 슈몰러, 바그너Adolpho Wagner, 브렌타노Lujo Brentano는 이른바, 강단 사회주의Kathedersozialismus의 지도적 대변자다. 이들은 부르주아-자 유주의적인 개혁 조치들을 사회주의적인 것이라 선전했으며, 사회 민주주의에 반대하고 마르크스주의와 투쟁하는 것을 목표로 삼았 고 이러한 면에 영향을 미쳤다.

120 재판에는 다음과 같은 주를 덧붙였다. "1872년에 바그너, 슈몰러, 브렌타노 그리고 다른 여러 교수들은 아이제나흐에서 총회를 열었 다. 이 총회에서 이들은 자신들의 목표가 노동자 계급을 보호하기 위해 사회 개혁을 도입하는 것이라고 선언한다고 야단법석을 떨었 는데, 이 일은 많은 사람의 주목을 끌었다. 자유주의자 오펜하이머 Franz Oppenheimer가 냉소적으로 '강단사회주의자들'이라고 부른 이 신사분들은 동시에 그곳에서 '사회 개혁 연맹'을 창설했다. 사회민 주주의에 대항하는 투쟁이 심화되고 있던 몇 년 후에, 제국의회의 대표로서 이들 '강단사회주의'의 권위자들은 사회주 탄압법(사 회민주주의의 정치적 선동과 집회를 금지한 법이다. 1878년에서

1890년 사이에 시행되었다—옮긴이주)을 연장하는 데 찬성표를 던졌다. 이 밖에 연맹의 모든 활동은 매년 열리는 총회에서 다양한 주제에 관해 교수들의 보고서를 낭독하는 것과 나아가 두꺼운 경제서를 100권 넘게 편집한 것 등이었다. 사회 개혁 연맹은 마침내 사회 개혁을 포기하고 위기와 카르텔 등의 주제에 몰두했다.*

121 위의 두 문장은 재판에서는 '따라서 사회주의는 결코 자동적으로 모든 상황에서 노동자 계급의 일상 투쟁에서 생겨나지 않는다. 사회주의는 오로지 점점 더 첨예화되는 자본주의 경제의 모순과 노동자 계급의 인식에서만 생겨날 수 있다'로 교체되었다.

122 재판에서는 '수정주의의 경우에서처럼'으로 고쳤다.

123 재판에서는 '노동운동'으로 고쳤다.

124 재판에서는 '수정주의 이론'으로 고쳤다.

125 재판에서는 '수정주의자'로 고쳤다.

126 재판에서는 '관점'으로 고쳤다.

127 재판에서는 '자본주의적'을 덧붙였다.

128 재판에서는 강조하지 않았다.

129 재판에서는 '알려진'으로 고쳤다.

130 재판에서는 이 문장이 다음과 같이 수정되었다. "따라서 사회민주주의는 예를 들면, 단지 보호관세와 군국주의가 반동적 성격을 완전히 드러냈을 때만이 아니라, 언제나 보호관세나 군국주의와 투쟁한다."

131 재판에서는 '일시적인'을 덧붙였다.

132 재판에서는 '생산의 무한한 확대 능력과 판매 시장의 협소한 한계'로 고쳤다.

133 재판에서는 '여지'로 고쳤다.

134 재판에서는 '계기'로 고쳤다.

135 재판에서는 '위기의 필수 불가결한 측면뿐만 아니라, 주기적으로 다시금 나타나는 중소 자본의 새로운 생성의 불가피성도'로 고쳤다.

136 재판에서는 적응 이론의 양옆에 인용부를 부가하여, 즉 '적응 이론'으로 표기했다.

137 재판에서는 '수정주의'로 고쳤다.

138* 베른슈타인의 저서《사회주의의 전제와 사회민주주의의 과제 *Die Voraussetzungen des Sozialismus und die Aufgaben der Sozialdemokratie*》(Stuttgart, 1899)에 대해 비평한 글이다.

139 이 책의 35~38쪽을 참고하라.

140 Van der Borght, *Handw rterbuch der Staatswissenschaften*, I.

141 재판에서는 '개별 자본이 존재했던'으로 고쳤다.

142 재판에서는 '개별화된 개인'으로 고쳤다.

143 재판에서는 다음에 '산업적'을 덧붙였다.

144 재판에서는 '분열'로 고쳤다.

145 이후 본문에서 표기된 모든 쪽수는 베른슈타인의《사회주의의 전제와 사회민주주의의 과제》의 쪽수를 말한다.

146* 주의할 것! 분명 베른슈타인은 소액 주식이 널리 확산되는 것을, 사회적 부가 이미 주식의 은총을 그야말로 소시민들에게 내리기 시작했다는 증거로 본다. 실제로, 소시민이나 노동자 말고 누가 1파운드나 20마르크짜리 소액 주식을 사겠는가! 유감스럽게도 이러한 전제는 단순한 계산상의 오류에 바탕을 두고 있다. 즉 주식의 '시장가격'이 아니라 '액면가격'을 가지고 이야기하고 있다. 그러나 이 두 가지는 서로 다르다. 예를 들어보자! 광산 시장에서 특히 남아프리카공화국의 '란트 지역 광산' 주식이 거래된다. 주식은 대부분 1파운드(=20마르크) 종이이다. 그러나 이들의 가격은 현재 43파운드(3월 말 주식시세표 참조), 즉 20마르크가 아니라 860마르크다! 이

것이 일반적인 상황이다. 따라서 '소액' 주식은 비록 민주적으로 들릴지라도, 실제로는 주로 재산 있는 부르주아의 사회적 부에 대한 증서이지, 결코 소부르주아나 프롤레타리아의 증서가 아니다. 소수의 주주만이 그 주식을 액면가격에 구입할 수 있기 때문이다.

147 (옮긴이주) 바이틀링은 '정의로운 자들의 연맹der Bund der Gerechten'의 지도자로, 공상적 공산주의의 이론가이자 선동가이다.

148* 〔베른슈타인은 〈라이프치히 인민신문〉에 실린 우리의 첫 번째 연재 논문과 관련하여 몇 가지 점에 대해 다소 장황하지만, 어느 정도 자신의 당혹스러움을 드러내는 답변을 한다. 예를 들어 우리는 그가 위기를 회의하는 것과 관련해 비판했는데, 이에 대한 답변에서 그는 전체 마르크스주의 위기론은 미래음악Zukunftsmusik(바그너 Richard Wagner의 음악에 대한 논쟁에서 나온 용어이다. 머나먼 미래에 실현될 수 있는 어떤 것, 아직은 공상적인 것으로 여겨질 수밖에 없는 것을 말한다—옮긴이주)이 되었다고 우리를 가볍게 설득하고자 한다. 그러나 이것은 우리의 주장을 극도로 제멋대로 해석한 것이다. 왜냐하면 우리는 위기의 규칙적이고 '기계론적인 주기성'을, 좀 더 정확히 말하면 완전히 발전된 세계시장에만 상응하는 도식에 대해 10년 주기로 순환하는 위기를 설명하고 있었을 뿐이기 때문이다. 우리는 마르크스 위기론의 '내용'을 지금까지의 '모든' 위기가 가진 메커니즘과 내적인 경제적 원인들을 유일하게 과학적으로 표현한 것이라고 단언했다.

더욱 놀라운 것은 그 밖의 다른 우리의 비판에 대한 베른슈타인의 답변이다. 예를 들어 카르텔은 설탕 산업에서 볼 수 있듯이 단지 세계시장에서 첨예하게 경쟁하도록 했기 때문에, 이미 근본적으로 자본주의의 무정부성에 대항하는 어떤 수단도 제공할 수 없었다는 우리의 지적에 대하여, 베른슈타인은 비록 이것이 옳기는 하지만, 설탕 산업에서 나타나는 첨예화된 경쟁은 영국에서 강력한 마멀레이드와 설탕 조림 산업을 불러일으켰다고 대답한다(78쪽). 이 대답은 올렌도르프Ollendorf식 어학 자습법 제1편에 나오는 대화 연습을 상기시킨다. 즉 "소매는 짧다. '그러나' 신발은 낀다. 아버지는 크다. '그러나' 어머니는 잠자러 갔다".

베른슈타인은 '신용' 역시 자본주의의 무정부성에 대항하는 어떤 '조절 수단'일 수 없으며, 오히려 이러한 무정부성을 증가시킨다는 우리의 증명에 대해서도 이와 유사한 논리적인 문맥으로 답변한다. 즉 베른슈타인은 정확히 마르크스도 인정한 것처럼 신용은 파괴적인 특성 이외에도 긍정적이고 '생산적이고 창조적인' 특성이 있다고 대답한다. 마르크스 이론에 기초해 자본주의 경제에서 미래의 사회주의 사회로 전환하는 것에 관한 긍정적인 요소만을 보는 사람이라면, 신용에 대한 이러한 식의 지적은 그다지 새로운 것이 아니다. 논쟁에서 '문제'가 되었던 것은 이러한 긍정적이고 자본주의를 초월하는 신용의 특성이 자본주의 경제에서도 긍정적으로 효력을 발휘할 수 있는가, 또 신용의 이러한 긍정적인 특성이 베른슈타인의 주장처럼 자본주의적 무정부성을 제압할 수 있는가, 그렇지 않으면 우리가 이야기했던 것처럼 오히려 그 자체가 하나의 모순으로 변질되어 단지 무정부성을 더욱 확대시키는가 하는 점이었다. 이에 비추어볼 때 다시금 전체 논쟁의 출발점이 되었던 '신용의 생산적-창조적 능력'에 대한 베른슈타인의 지적은, 단지 '논쟁 영역을 벗어나는' '저 먼 곳으로의 이론적 도피'이다.]

149 (옮긴이주) 오스트리아의 경제학자이다. 오늘날의 신고전학파 정통 경제학에 뿌리를 내리고 있는 효용가치설을 정식화했다.

150 (옮긴이주) 스코틀랜드의 정치경제학자로, 자본주의 제도의 본질, 구조 및 여러 작용에 관해 비교적 일관된 추상적 모델을 전개한 최

초의 경제학자이다.

151 (옮긴이주) 영국의 경제학자로, 고전파 경제학을 완성시켰다. 그의 경제학적 이론화 모델은 현재까지 경제 이론을 지배하고 있다.

152 재판에서는 '중세 경제'로 고쳤다.

153 재판에서는 '이윤율에 관한 학설'을 덧붙였다.

154 재판에서는 '(분열)'을 덧붙였다.

155 재판에서는 '일원성Einheitlichkeit'으로 고쳤다.

156 재판에서는 '노동조합, 협동조합과 정치적 민주주의'로 고쳤다.

157 재판에서는 '영국의 생산 협동조합이'로 고쳤다.

158 재판에는 다음과 같은 내용의 주가 실려 있다. "노동자 자신들의 협동 공장은 비록 기존 체제의 결점을 모두 계속 재생산할 수밖에 없지만, 낡은 형태 내에서 이 낡은 형태를 최초로 파괴한다"(Karl Marx, *Das Kapital*, 제3권, 427쪽).

159 재판에서는 '생산적 자본'으로 고쳤다.

160 재판에서는 '생산적 자본'으로 고쳤다.

161 이 책 40~45쪽을 참조하라.

162 경제학자로 프로이센의 부르주아화된 융커 계급을 옹호했으며, 혁명적 마르크스주의에 대한 적대자로, 국가 자본주의에 관한 사상을 대변했다.

163 재판에서는 '생산양식'으로 고쳤다.

164 재판에서는 '자유로운'으로 고쳤다.

165 재판에서는 '운반 수단'으로 고쳤다.

166 재판에서는 '수정주의적'으로 고쳤다.

167 재판에서는 '수정주의에게는'으로 고쳤다.

168 재판에서는 '뿐이라고 한다'로 고쳤다.

169 재판에서는 '예를 들어'를 덧붙였다.

170 재판에서는 '입헌'으로 고쳤다.

171 재판에서는 '장기적으로'로 고쳤다.

172 재판에서는 '번성했다'로 고쳤다.

173 제국 대표에 관한 오스트리아 국가 헌법 제14조는 이른바 1876년 7월 6일 조항이라고도 하는데, 제국 의회가 구성되지 않았을 때 황제가 의회의 승인 없이 전체 내각과 함께 법령을 선포하는 권한을 강화한 법이다. 이 법령은 주로 온갖 수단을 동원해 다민족국가에서 일어나는 민족운동을 제압하는 데 이용되었다.

174 재판에서는 강조되지 않았다.

175 재판에서는 '우리의 수정주의와'를 덧붙였다.

176 재판에서는 '일반적'으로 고쳤다.

177 재판에서는 '가장'을 없앴다.

178 1847년 프랑스 2월혁명의 영향을 받아 보수 반동의 지배에 반대하여 1848년 3월 독일에서 일어난 자유주의 혁명이다.

179 1818~1848년, 즉 반동적인 시대를 의미한다. 나폴레옹전쟁이 끝난 1815년부터 유럽은 보수 반동 시대에 들어간다. 이 시기에 각국은 유럽 전체에 확산된 1789년 프랑스 혁명의 정신, 정치적 그리고 종교적 자유주의를 탄압하는 정책을 편다.

180 재판에서는 '보편선거권'으로 고쳤다.

181 재판에서는 '그 자체'로 고쳤다.

182 (옮긴이주) 1898년 4월에서 12월까지 있었던 스페인-미국 전쟁은 세계를 새롭게 분할하는 것을 둘러싼 최초의 제국주의 전쟁이었는데, 전쟁의 결과, 미국은 라틴아메리카에 대한 영향력을 강화했으며, 쿠바, 푸에르토리코, 괌을 식민지로 만들면서 영토를 넓혔고, 필리핀 등 동아시아에서 전략적으로 중요한 군사기지를 정복했다.

183 재판에서는 '1893년으로 거슬러 올라간다'로 고쳤다.

184 1897년 11월 14일 독일제국주의는 키아우초우 영토를 병합했다. 1898년 3월 6일의 협정에서 중국 정부는 독일제국에게 키아우초우 만을 99년간 함대 기지로 임대하고, 그 후면에 있는 산둥을 영향권 지역으로 인정하도록 강요당했다.

185 재판에서는 '중앙당이 야당에서 여당으로'로 고쳤다. 1907년 가장 최근의 제국 의회 선거에서는 식민정책과 관련된 설전이 벌어졌는 데, 이 선거는 독일 자유주의의 역사적인 장례식이기도 했다. 군대 에 관한 안건을 둘러싼 논쟁에서 독일 자유당은 자유연맹과 자유민 중당으로 분열되었다. 1893년 7월 15일 사회민주당 외에 자유민중 당과 중앙당은 군대에 관한 안건에 반대 표결을 했다. 그럼에도 불 구하고 중앙당은 사회민주주의와 노동자 계급에 적대적인 국가 전 복에 관한 안건과 기타 다른 안건들을 열렬히 옹호했다.

186 재판에서는 '요컨대'를 덧붙였다.

187 재판에서는 '화폐 자본가와 귀족'으로 고쳤다.

188 재판에서는 '법률 개혁'으로 고쳤다.

189 재판에서는 '비본질적'으로 고쳤다.

190 재판에서는 '수정주의의'로 고쳤다.

191 재판에서는 '베른슈타인이 자신의 책 183쪽에서 이야기하듯이'로 고쳤다.

192 물질적으로든 인격적으로든 영주에 종속되어 있는 사람이 죽을 때, 영주에게 지불해야만 하는 점유 이전비인데, 일반적으로 가장 좋은 가축이나 피륙, 그와 유사한 것으로 지불되고 영주는 여기에서 선 택할 수 있었다.

193 재판에서는 '노동자의 생필품으로서의'를 덧붙였다.

194 재판에서는 '대기업'을 덧붙였다.

195 재판에서는 '물론 베른슈타인은 여기에서 다른 결론을 이끌어낸다'

로 고쳤다.

196 재판에서는 '첨예화했다면'으로 고쳤다.

197 이 책 95~101쪽을 참조하라.

198 재판에서는 강조하지 않았다.

199 "우리는 결코 어떠한 상황하에서도 보상해서는 안 된다고 보지 않
는다. 그 모든 범죄 집단을 몽땅 사들일 수 있다면, 우리는 가장 저
렴한 가격에 해방될 것"이라는 견해를 마르크스는 나에게 아주 자
주 분명하게 피력했다(Friedrich Engels, 〈Die Bauernfrage in Fran-
kreich und Deutschland〉).

200 재판에서는 '프롤레타리아에게'를 덧붙였다.

201 재판에서는 '특정한'으로 고쳤다.

202 재판에서는 '특정한'으로 고쳤다.

203 재판에서는 '무의식적으로'를 덧붙였다.

204 재판에서는 '들어왔던'으로 고쳤다.

205 (옮긴이주) 다모클레스가 연회에서 말총 한 올에 매단 칼날 아래
앉은 전설에서 유래했는데, 환락을 즐기는 와중에 다가오는 위험을
비유한다.

206 재판에서는 '공포'로 고쳤다.

207 재판에서는 '프롤레타리아는 정권을 장악하면서 나타나는 저러한
정치적 위기가 진행되는 가운데 비로소, 다시 말해 길고도 힘든 투
쟁의 화염 속에서야 비로소 영원하고 위대한 변혁을 성취할 수 있
기 위해 요구되는 정치적 성숙도에 이를 수 있기 때문이다. 따라서
정치적 국가권력에 대한 프롤레타리아의 저러한 '시기상조'의 공격
은 그 자체가 중요한 역사적 계기로 나타난다는 점에서'로 고쳤다.

208 재판에서는 '시기상조라는 상상'으로 고쳤다.

209 재판에서는 '또는 그 이상'을 덧붙였다.

210 재판에서는 '사회주의적인'을 덧붙였다.

211 재판에서는 '수정주의적인'을 덧붙였다.

212 재판에서는 '궁핍화된 것이 아니라'로 고쳤다.

213 재판에서는 '강력한'으로 고쳤다.

214 Eduard Bernstein, *Die Voraussetzungen des Sozialismus und die Aufgaben der Sozialdemokratie*(Stuttgart, 1899), 187쪽.

215 카프리비는 1890년에서 1894년까지 비스마르크의 후계자로 제국 수상을 지냈다. 그의 정책의 '새로운 노선'은 (일정하게 노동자계급에게―옮긴이주) 양보함으로써 사회민주주의의 지반을 빼앗으려는 시도로 나타난다. 이러한 시도는 실패했다.

216 호엔로에는 1894년부터 1900년까지 제국 수상이자 프로이센의 수상이었다. 그가 수상직에 있을 때, 정부는 사회주의법과 함께 실패한 노동자 계급에 대항하는 폭력을 부활하고자 했다.

217 베를렙쉬는 1890년에서 1896년까지 프로이센의 무역 장관이었는데, 노동보호법에 의거해 노동운동에 대항하려 했으나 실패했다.

218 이 책의 주 11을 참고하라.

219 1890년 2월 4일 자 노동보호법으로 빌헬름 2세가 내린 칙령을 말한다. 이 법은 비스마르크의 사회 정책의 실패로 대두되었으며, 독일 노동자의 경제적, 정치적 대중 투쟁의 결과였다.

220 1899년 6월 20일 정부는 제국 의회에서 '생산적 노동 관계를 보호하기 위해'라는 법률 초안을 제출했다. 이것은 이른바 강제수용에 관한 안건이라고 불리는데, 파업 운동이 점점 늘어나는 것에 대항하기 위한 것으로, 노동자의 단체권과 파업권을 없애기 위한 것이다. 이 안건은 대중이 강력하게 항의함으로써 1899년 11월 20일 제국 의회에서 각하되었다. 이 법률 초안은 1897년 12월 11일의 비밀 칙령으로 거슬러 올라가는데, 1898년 1월 15일 자 《전진》이 이 칙

령을 폭로했다.

221 재판에서는 '지녔다'로 고쳤다.

222 재판에서는 '사회민주주의'로 고쳤다.

223 엥겔스는 1884년 12월 통과된 제국 의회 원내교섭단체의 우파 기
     회주의의 경향을 띤 다수가 내린 결정을 사적인 해운 회사들에게
     양보한 것으로 신랄하게 비난했다. 그 대신 엥겔스는 보조금에 대
     한 동의에 정부가 받아들일 수 없는 조건을 달고, 그럼으로써 이
     것이 인민에게 적대적인 정책임을 폭로할 것을 제안했다. 이 논쟁
     은 1887년 혁명 세력의 승리로 끝났는데, 이 세력은 독일 사회민주
     주의에서 처음으로 식민정책에 대한 마르크스주의의 입장을 완성
     했다.

224 (옮긴이주) 1878~1890년 동안 존속했다. 비스마르크 시기에 시행
     된 사회민주의 정치 선동과 집회를 금지하는 법이다.

225 1892년 11월 14일에서 21일까지 베를린에서 열린 사회민주주의당
     대회에서 결의서가 만장일치로 채택되었는데, 이 결의서에서 이른
     바 국가사회주의 이론은 노동자를 사회민주주의에서 분리시키는
     수단이라는 사실이 폭로되었다. 이 이론에 따르면 노동자 계급에
     약간 양보한 것과 자본주의 경제의 포괄적인 국유화를 사회 개혁으
     로 보아야 한다.

226 1894년 1월 1일, 폴마의 지도하에 있던 바이에른 주의회의 사회
     민주당 원내교섭단체는 예산을 승인했는데, 이와 함께 베벨August
     Bebel이 제시한 혁명적 사회민주주의 원칙 '이 체제에는 어느 한 사
     람에게라도 한 푼도 줄 수 없다'가 최초로 깨졌다.

227 농업에 대한 강령을 토론하는 가운데 기회주의자 다비드Eduard
     David와 크바르크Max Quarck는 자본주의 국가로 하여금 소기업을
     지지하게 하는 것을 사회주의 개혁으로 볼 것을 요구했다. 이들은

대기업으로 진행하는 역사적인 경향 그리고 이와 함께 지방에서의 사회주의적 사회화의 가능성과 필연성을 부인했다.

228 하이네는 1898년 2월 10일 베를린 제3제국 의회선거구에서 행한 연설에서 사회민주주의는 '인민의 자유'를 위해 프로이센-융커 정부의 무장 요구를 허용할 수 있을 것이라는 기회주의적 견해를 대변했다. 이러한 타협과 함께 하이네는 독일 사회민주주의의 반군국주의 투쟁을 수정하고자 했다.

229 이제그림Isegrim이라는 익명으로 1898년 11월 기회주의자들의 이론 기관지인《사회주의 월보Die Sozialistischen Monatsheften》에 발표된 〈프리드리히 엥겔스는 민병대 맹신자였는가?War Friedrich Engels milizgläubisch?〉에서 쉬펠Max Schippel은 사회민주주의의 혁명적 반군국주의적 태도를 수정하고자 했다. 그는 대토지 독점가와 산업 독점가를 강화하고 국가 간의 이익 대립을 심화하는 보호관세 정책을 옹호했다.

230 1898년 10월 3일에서 8일까지 슈투트가르트에서 독일 사회민주당 전당 대회가 열렸다.

231 재판에서는 '어느 정도'로 고쳤다.

232 재판에서는 '있다'로 고쳤다.

233 독일 사회민주당 좌파 집단의 하나인데, '청년die Jungen'이라는 명칭으로 알려져 있다. 이 집단은 당의 활동을 위해 법적인 모든 가능성을 이용하는 것에 반대했으며, 특히 당이 수립한 혁명적 의회 전술을 거부했다. '청년'은 당에게 분파적 음모자 정책, 즉 무정부주의적 정책을 강요하고자 시도했다. 1890년 할레에서 열린 당 대회에서 '청년'은 만장일치로 거부되었으며, 1891년 에어푸르트 당 대회에서 '청년'의 옹호자들은 제거되었다. 이들은 독립 사회주의자연맹 der Verein Unabhängiger Sozialisten이라는 당을 만들었으나, 이 연맹은

노동자 계급에게서 완전히 고립되어 있었다.

234 재판에서는 '그의 〈브뤼메르 18일Achtzehnten Brumaire〉(보나파르트
     의 쿠데타를 분석한 마르크스의 저작명―옮긴이주)에서'를 덧붙
     였다.

235 Karl Marx, "Der achtzehnte Brumaire des Louis Bonaparte".

236 재판에서는 '진실로'로 고쳤다.

237 Helga Grebing, (ed.) Walter Euchner, "Rosa Luxemburg", *Klassiker
     des Sozialismus*(München: Verlag C. H. Beck, 1991), 70쪽.

238 Anton Pannekoek, Paul Mattick et al., *Marxistischer Anti-Leninismus*
     (Freiburg, 1991).

239 박호성, 〈왜 다시 로자 룩셈부르크인가〉, 《노동운동과 민족운동》
     (역사비평사, 1994), 156쪽.

240 파울 프뢸리히, 《로자 룩셈부르크의 사상과 실천》(석탑, 1984),
     347쪽.

241 가장 최근에 번역된 책은 베른슈타인, 《사회주의의 전제와 사민당
     의 과제》(한길사, 1999)이다.

242 본명은 Alexande Helphand. 러시아 태생의 독일 사회주의자이다.

243 Eduard Bernstein, "Zusammenbruchstheorie und Colonialpolitik:
     Nachtrag", Bernstein, *Zur Geschichte und Theorie des Sozialismus:
     Gesammelte Abhandlungen*(Berlin: Akademischer Verlag für soziale
     Wissenschaften, 1901), 25쪽.

244 이 책 56~57쪽을 참조하라.

245 Rosa Luxemburg, (ed.) Mary-Alice Waters, "The Mass Strike, the
     Political Party, and the Trade Unions", *Rosa Luxemburg Speaks*(New
     York: Pathfinder, 1970). 158쪽.

246 Rosa Luxemburg, "The Mass Strike, the Political Party, and the Trade

Vnions", 160~161쪽.

247 Rosa Luxemburg, "The Mass Strike, the Political Party, and the Trade Vnions", 188쪽.

248 Rosa Luxemburg, "Organizational Question of Social Democracy", *Rosa Luxemburg Speaks*, 119쪽.

249 Rosa Luxemburg, "The Mass Strike, the Political Party, and the Trade Unions", 200쪽. 강조는 로자 룩셈부르크.

250 Rosa Luxemburg, "Organizational Question of Social Democracy", 119쪽.

251 Rosa Luxemburg, "The Mass Strike, the Political Party, and the Trade Unions", 218쪽.

252 Rosa Luxemburg, "Organizational Question of Social Democracy", 119쪽.

253 J. P. Nettl, *Rosa Luxemburg*(London: Oxford Univ. Press, 1966), 227쪽.

254 Helga Grebing, "Rosa Luxemburg", 64쪽에서 재인용.

255 박호성, 〈왜 다시 로자 룩셈부르크인가〉, 149쪽.

256 Rosa Luxemburg, "The Russian Revolution", Rosa Luxemburg, *The Russian Revolution and Leninism or Marxism?*(Westport: Greenwood, 1961), 25쪽.

257 Rosa Luxemburg, "The Russian Revolution", 40쪽.

258 Rosa Luxemburg, "The Russian Revolution", 27쪽.

259 Rosa Luxemburg, "The Russian Revolution", 39쪽.

260 이 책 111쪽을 참고하라.

261 Rosa Luxemburg, "The Russian Revolution", 62쪽.

262 Rosa Luxemburg, "The Russian Revolution", 67쪽.

263 Rosa Luxemburg, "The Russian Revolution", 71쪽.

264 Rosa Luxemburg, "The Russian Revolution", 69쪽.

265 Lenin, "Notes of a Publicist", *Collected Works*, 제33권(Moscow: Progress, 1922), 210쪽.

더 읽어야 할 자료들

박호성, 《노동운동과 민족운동》(역사비평사, 1994)

1990년대 우리나라의 진보적 담론을 이끌었던 박호성 교수의 논문 모음집이다. 여기에 〈왜 다시 로자 룩셈부르크인가〉라는, 짧지만 매우 유익한 글이 실려 있다. 사회주의 사상사에서 로자 룩셈부르크의 위치, 오늘날 현실 사회주의의 위기 상황에서 로자 룩셈부르크가 갖는 의미를 분명하게 밝히고 있다.

이갑영, 《로자 룩셈부르크의 재인식을 위하여》(한울, 1993)

우리나라 학자가 쓴 흔치 않은 연구서다. 로자 룩셈부르크의 사상에 대한 연구 상황에서부터 방법론, 수정주의에 대한 비판, 자본주의 발전과 제국주의에 대한 분석과 비판에 이르기까지 룩셈부르크의 사상을 전체적으로 개괄하는 책이다.

파울 프뢸리히, 최민영 옮김, 《로자 룩셈부르크의 사상과 실천》(석탑, 1984)

로자 룩셈부르크의 생애와 사상을 서술한 가장 널리 알려진 전기다. 프뢸리히는 로자 룩셈부르크와 함께 스파르타쿠스 동맹의 지도자였으며, 로자 룩셈부르크와 같은 지향을 지니고 투쟁한 인물이다. 따라서 이 책은 로자 룩셈부르크의 삶에 대한 깊은 애정과, 당시의 정세를 보는 독일 사민당 좌파의 시각이 담겨 있다. 2000년에 책갈피 출판사에서 다시 펴냈다.

편집부(편), 《영원한 여성: 로자 룩셈부르크》(지양사, 1986)

이 책은 로자 룩셈부르크 저작의 주요 부분을 발췌하여 모은 책이다. 2부로 되어 있는데, 1부에서는 로자 룩셈부르크의 생애와 사상, 행동이 다루어진다. 특히 로자 룩셈부르크의 주요 저작인 《자본의 축적》, 《사회 개혁이냐 혁명이냐》, 《대중 스트라이크, 당과 조합》, 《사회민주당의 위기》, 《러시아 혁명》을 중심으로 독일 사회민주당의 지도 노선을 둘러싼 룩셈부르크, 베른슈타인, 카우츠키, 레닌 등의 대립되는 이론들이 서술되고 있다. 2부는 로자 룩셈부르크의 편지를 편집했는데, 대부분 옥중 서한이다. 그러나 발췌된 저작의 출처를 밝히고 있지 않다.

토니 클리프, 조효래 옮김, 《로자 룩셈부르크: 한 혁명가의 생애와 사상》(책갈피, 1993)

적은 분량으로 로자 룩셈부르크의 간단한 전기뿐 아니라, 주요한 이론적 관심을 소개하고 있다. 로자 룩셈부르크 사상의 개요를 정리하기에 유용한 책이다. 저자인 토니 클리프는 트로츠키를 지지하는 마르크스주의자이다.

헬무트 히르슈, 박미애 옮김, 《로자 룩셈부르크》(한길사, 1997)

독일 로볼트 출판사의 유명한 로로로 시리즈 중 한 권을 우리말로 옮긴 것이다. 평이하고 객관적인 시각의 안내서로, 처음 로자 룩셈부르크를 알고자 하는 이들에게 권할 만하다. '유년 시절'부터 '독수리의 죽음'이라는 마지막 장까지, 로자 룩셈부르크의 생애에 따라 기술된다.

Dick Howard (ed.), *Selected Political Writings of Rosa Luxemburg* (New York: Monthly Review, 1971)

영어로 번역된 가장 널리 알려진 로자 룩셈부르크의 저작 모음집이다. 정치적 주요 저작이 거의 총망라되어 있다. 그리고 서두에는 편집자의 유용한 해설도 포함되어 있다. 다만 일부 저작의 경우(예를 들어《대중 스트라이크, 당과 노동조합》), 일부를 누락시켜 부분적으로만 번역했다 는 점이 조금 아쉽다.

Elzbieta Ettinger(ed.), *Comrade and Lover: Rosa Luxemburg's Letters to Leo Jogiches* (London: Pluto, 1981)

레오 요기헤스Leo Jogiches는 로자 룩셈부르크의 일생의 연인이었다. 결 혼을 못했고, 일상적인 행복을 누리지도 못했지만, 서로 그리워하고 존 경했다. 그러나 두 사람 모두 일상적 행복을 누리기에는 너무도 견결한 혁명가였다. 이 책은 요기헤스에게 보낸 로자 룩셈부르크의 편지를 담 고 있다. 앞부분에는 편집자의 해설이 있는데, 이 해설에는 '여성해방론 자'로서의 로자 룩셈부르크의 만년의 인식에 관한 흥미롭고 유익한 지 적이 포함되어 있다.

J. P. Nettl, *Rosa Luxemburg*, Vol. I, II(London: Oxford Univ. Press, 1966)

로자 룩셈부르크에 관한 방대하고 가장 권위 있는 전기다. 로자 룩셈부 르크의 생애와 사상을 체계적으로 기술하고, 로자 룩셈부르크의 사상사 적 의의, 로자 룩셈부르크와 관련된 지적 논쟁 등에 대해 꼼꼼하고 방대 하게 논의하고 있다. 분량이 많긴 하지만, 로자 룩셈부르크에 대한 전문 적인 연구자와 일반 독자 모두의 호기심을 충족시켜줄 수 있는 책이다.

Mary-Alice Waters (ed.), *Rosa Luxemburg Speaks*(New York: Pathfinder Press, 1970)

하워드Dick Howard가 편집한 책과 마찬가지로 로자 룩셈부르크의 정치 저작 모음집이다. 룩셈부르크의 저작을 편집한 이 두 책은 상당 부분 같은 글을 담고 있다. 그러나 이 책은 부분 번역 없이, 내용을 온전히 수록하고 있다. 잘 알려진 대로 Pathfinder 출판사는 트로츠키를 중심으로 많은 책을 펴낸 좌파 성향의 출판사이다.

Rosa Luxemburg, *The Accumulation of Capital*: Anti-Critique(London: RKP, 1951)

로자 룩셈부르크의 가장 중요한 경제에 관한 저작이다. 여기서 로자 룩셈부르크는 제국주의 몰락의 경제적 필연성을, 마르크스의 '재생산 도식'을 적용함으로써 입증하려고 시도하고 있다. 난해한 저작이며 분량도 많다. 이 책의 서두에는 유명한 경제학자이자 경제사가인 로빈슨Joan Robinson의 유용한 해설이 실려 있다.

Rosa Luxemburg, *The Russian Marxism and Leninism or Marxism?*(Westport: Greenwood Press, 1981)

러시아 혁명, 레닌주의에 관한 로자 룩셈부르크의 평가와 비판을 담고 있는 두 논문을 번역, 수록하고 있다. 앞에는 울프Bertram D. Wolfe의 간략하지만 유용한 해설이 함께 들어 있다.

김경미 kimirosa@hanmail.net

그는 1960년 1월 서울에서 태어났다. 여자가 정치외교학과에 가면 팔자가 험해진다며 국문과나 사학과를 가라는 부모님의 간곡한 말씀을 거역하고 서강대학교 정치외교학과에 진학했다. 그가 마르크스주의 정치경제학을 공부하게 된 것은 독일 마르부르크 대학에서 유학하면서부터이다. 특히 1980년대 말 현실사회주의가 몰락하자 마르부르크 대학 정치학과의 휠베르트Georg Fülberth 교수는 정치경제학을 다시 독해해보자는 취지하에서 한편으로는 소위 부르주아 정통 정치경제학, 다른 한편으로는 마르크스주의 정치경제학에 관한 수업을 수년에 걸쳐 개설했다. 이에 참여하면서 휠베르트 교수의 지도를 받아 힐퍼딩Rudolf Hilferding의 금융자본에 대한 분석을 마르크스의 이론과 비교하여 박사학위 논문을 썼다. 그의 주요 관심은 현대 자본주의의 새로운 정치경제적 발전과 현상들을 마르크스주의의 이론적 틀을 통해서 설명해보는 데 있다.

송병헌 bhignatius@hanmail.net

그는 대학 생활을 정치적 억압에 고통 받고 자유를 갈구했던 시기로 기억한다. 서강대학교 정치외교학과에 재학 중이던 1980년 광주학살 직후 우연히 참여했던 한 가톨릭 청년모임에서 만난 동료 학생들과 노동자들, 수녀와 신부들이 전해준 광주의 소식, 시대의 절망과 고통은 그에게 깊은 영향을 주었다. 이어 대학원에서 반레닌주의적 마르크스주의자로서 20세기 초 독일 공산당의 주요 이론가였던 카를 코르쉬Karl Korsch에 대한 석사 학위 논문을 썼는데 우리나라에 코르쉬를 소개한 최초의 논문이었다. 이후 베른슈타인과 레닌의 사회주의 개념을 비교하고 사회주의 사상이 분화된 역사적 연원을 탐구한 논문으로 박사학위를 받았다. 한국사회민주주의연구회의 창립과 운영에 참여했고 민주화운동기념사업회 등에서 일했다. 현재 그는 사회민주주의의 지적 토대와 실천적 가능성을 강화하기 위한 저술 작업을 지속하고 정의와 연대를 향한 작은 발걸음들을 계속 이어가길 희망하고 있다.

사회 개혁이냐 혁명이냐

초판 1쇄 발행 2002년 1월 1일
개정 1판 1쇄 발행 2023년 1월 20일

지은이 로자 룩셈부르크
옮긴이 김경미·송병헌

펴낸이 김현태
펴낸곳 책세상
등록 1975년 5월 21일 제2017-000226호
주소 서울시 마포구 잔다리로 62-1, 3층(04031)
전화 02-704-1250(영업) 02-3273-1334(편집)
팩스 02-719-1258
이메일 editor@chaeksesang.com
광고·제휴 문의 creator@chaeksesang.com
홈페이지 chaeksesang.com
페이스북 /chaeksesang **트위터** @chaeksesang
인스타그램 @chaeksesang **네이버포스트** bkworldpub

ISBN 979-11-5931-776-7 04080
     979-11-5931-221-2 (세트)